すごい掃除・捨て方・片づけ方

『PHPくらしラク～る♪』編集部［編］

PHP

PHP Special Book
くらしラク〜る♪

お金に愛される！　幸せがやってくる！

すごい掃除・捨て方・片づけ方

もったいなくて、モノが捨てられない。
一度片づけても、気づいたらまたごちゃごちゃ。
ちゃんと掃除したいけれど、なんだかめんどくさい――。

「きれいな家に暮らしたい」とは思うものの、
なかなかうまくいかないのが、掃除、捨て方、片づけ方。
「忙しいし、しょうがない」とあきらめてしまっている人も多いのでは？
では、「いつもきれい」をキープしている人は、
いったいどんなことをしているのでしょうか？

ポイントはがんばりすぎないこと。
ラクに、無理なく、少しずつ。

ちょっとした習慣づけで、部屋は片づきます。
コツさえわかれば、汚れはみるみる落とせます。

お金が貯まる。
時間に余裕ができる。
心が豊かになる。
すっきりした空間を手に入れた人は、
いいことをたくさん引き寄せています。

プロが知っている、ちょっとした日々の習慣。
今日から始めてみませんか。

Contents

すっごい掃除・捨て方・片づけ方

本書は、『PHPくらしラク〜る♪』2016年3月号、8月号、9月号、2017年3月号、8月号、10月号の記事を抜粋し、加筆・修正して再編集したものです。

食費 日用品費 被服費 のムダをカット！

「年80万円」節約できるハッピー片づけ

片づけることで年間約80万円の節約を実現した吉川永里子さんに、
節約できる片づけ術について教えていただきました。

片づけるだけでこんなに節約成功！

食費

96万円→40万8,000円
55万2,000円の節約！

日用品費

12万円→6万円
6万円の節約！

被服費

36万円→18万円
18万円の節約！

吉川永里子（収納スタイリスト®）

よしかわ　えりこ●個人宅の片づけやセミナー、講演などで整理収納を提案。女性目線・働くママ目線で提案する「無理しないストレスフリーな暮らし」は、働く女性や主婦に好評を得ている。『もう探さない人生』（主婦の友社）など著書多数。

＼カンタン！／

片づけと節約を成功させる3つのステップ

1 現状を把握する

「食費を減らしたい」などと漠然と思うだけではダメ。現状でいくら使っているか知らないと、どう出費を減らせばよいかわからず、効果も出ないので、まずは家計チェックを。片づけるときも、まずは持ちものをすべて把握することが大切！

2 目標を設定する

家計の現状がわかったら、目標設定をしましょう。「食費を３割減らす」「ワンシーズンの服代を半分にする」など具体的な数字で示します。カーナビやスマホのルート検索と同じで、現在地と目的地を知ることで、進むべき道が見えてきます。

3 実行する

「食費を３割減らすために買いすぎていた惣菜をやめて自分で作る」「服代を半分にするために手持ちの服と似たアイテムは買わないようにする」など、ルールを決めて実行を。続けるうちにお金を大切に使えるようになり、おのずと節約上手に！

私も以前は節約や片づけが苦手でした。冷蔵庫の中は散らかり、野菜を買いすぎて腐らせたり、お金のかかる惣菜や外食で済ませたり。日用品や洋服の無駄買いも多かったんです。

でも、家を片づけたら、自分が本当に必要としているものがわかりました。その結果無駄な出費がなくなり、年間約80万円の節約に成功したのです。

家計見直しの柱は食費、日用品費、被服費の3つ。これらにかかわるものを片づけるといいですよ。まずは3日以内に家計チェックを始め、次ページからの「節約片づけ術」のうち、すぐできそうなものから始めてください。

食費 年55万円カット！ 節約の片づけ術

食材や調理器具は実用的なものなので、使っている・使っていないで判断がしやすいでしょう。節約の成果がすぐに見えるので、やる気もアップします！

1 食材を見やすく収納する

ポイント▶ 冷蔵庫や保存庫の中がぐちゃぐちゃだと中身が把握できず、無駄が生じがち。食べないもの、賞味期限切れのものは捨てます。冷蔵庫は場所ごとに入れる食材を決めたり、野菜室は立てて入れるなど見やすくなる工夫を。

こんなお得が▶ 食材がすべて見渡せるようになります。その結果、隠れて見えない食材をダブって買ったり、使いそびれて賞味期限切れになってしまうような無駄がなくなります。

2 調味料を「見える化」

ポイント▶ 砂糖、塩、こしょうなどの調味料や粉類は、透明の容器に入れることで残量が把握しやすくなります。またしょうゆや油などはフタやラベルに開栓日を書いておくと、消費サイクルが把握できるようになります。

こんなお得が▶ 残量を確認することで、必要以上にストックを買ったり、足りずにコンビニで買うこともなくなります。消費サイクルを知れば、使い切れる分だけをストックできます。

3 ストックは目線より上か、低い位置に

ポイント▶ 常に出し入れするわけではないストックの食材や消耗品は、目線より上の棚や足元などに配置することで、置き場所の差別化を。ただし見えないところに押し込まないよう注意。残量は時々チェックしましょう。

こんなお得が▶ よく使うものはストック品とは分けて、目線から腰の高さくらいまでの出し入れしやすい場所にしまいます。よく見えるので、残量の把握がしやすくなります。

4 調理器具は厳選する

ポイント▶ タジン鍋やたこ焼き器など、特定の調理に特化した器具やアイデア商品は一見便利ですが、使いこなせないなら処分。粉砕力(ふんさいりょく)の高いミキサーや使いやすいヘラなど、自分にとって本当に調理が楽になる道具を厳選しましょう。

こんなお得が▶ 種類を厳選することで、無駄な器具を買うお金をカットすることができます。器具を収納するスペースの無駄も省(はぶ)け、効率が上がって調理のやる気もアップ！

column 献立リストで惣菜・外食費をカット！

人は夕方になると思考能力が落ち、献立を考えることが面倒(めんどう)に。加えて材料や時間がないと自炊を諦(あきら)め、スーパーの惣菜や外食などの方法を選んでしまいがち。そこで、レシピを見なくても作れる「献立リスト」を作りましょう。夕方になったら、家にある食材でできる献立をリストから選び、作るだけでOK。献立をイチから考えずにすみ、無理なく自炊を続けられます。

日用品費 年6万円カット！ 節約の片づけ術

衣類のように好き嫌いが少なく、バリエーションもいらないので冷静に要・不要を判断できます。単価が低いため、効果は大きく見えませんが、一度片づければずっと節約が続きます。

1 消費サイクルを把握する

ポイント▶ 洗剤やトイレットペーパーなどの日用品は使い始めた日と使い切った日をメモしておき、消費サイクルを把握することで、ストックの必要量を決めます。買い物に行ける頻度(ひんど)も把握しておけば、無駄に買うことがなくなり、また、切らして慌(あわ)てることもなくなります。

2 特売品、新商品は買わない

ポイント▶ ストックが十分にあるときでも、特売品や新商品を見ると買ってしまいがち。すると無駄な在庫を増やすことになります。特売品は底値以外では買わない、新商品はストックが切れてから買う、などルールを決めましょう。ストックの量が減ると、スペースの無駄もなくなります。

3 ストックは1カ所にまとめる

ポイント▶ ストックがあちこちにあると、あるのを忘れて買い足したり、家族が買ってきてしまったりして、ストック過多になることが。日用品のストックは1カ所にまとめ、家族で共有しましょう。家族に「トイレットペーパーどこ？」などと聞かれて出してあげる手間も省(はぶ)けます。

被服費 年18万円カット！ 節約の片づけ術

要・不要が好みに左右されやすく、TPOで揃(そろ)える必要もあるなど、やや片づけ難度が高めの衣服。単価が高いので、長期的に見て大きな節約効果を実感できるでしょう。

1 今の自分に必要な服を残す

ポイント▶ 自分のライフスタイルを考えて要・不要をチェックし、季節、TPOや流行も考えて必要なものだけを残しましょう。日々のコーディネートを撮影しておくこともおすすめです。似合わなくなった服や、全く出番のない服などを見極めやすく、服との思い出も残せます。

2 管理できる服だけを買う

ポイント▶ 洗濯できない服は、クリーニング代がかかったり、アイロンがけが必要だったりとお金や手間がかかることも。安さやデザインだけでなく、洗濯方法やしわのつきにくさなど購入後の手間も考慮に入れて購入を。コストパフォーマンスのよい着まわしができるようになります。

3 1着買ったら「選手交代」

ポイント▶ 服の収納スペースの中身は8割くらいにとどめておき、1着買ったら1着処分するルールを守りましょう。レギュラーの服がいつでも気持ちよく着られるようになります。手持ちの服を把握しやすくなるので、同じようなアイテムをダブり買いすることもなくなります。

3日片づけ
石阪流

〝3つの視点〟でお家スッキリ&お金持ち!

片づけられない&ビンボー体質を3日で変える、〝3つの目〟をご紹介します。

石阪京子
(片づけアドバイザー・宅地建物取引士)
いしざか　きょうこ●「ニューズスタイル」主宰。大阪府在住。「心地よい暮らしを提案」するレッスンは口コミで広がり、現在は2年先まで予約が埋まるほどの人気を呼んでいる。著書に『夢をかなえる7割収納』(講談社)など。ブログ「片づけの向こう側」kyokoishizaka.blog.jp

私はこれまでに約400軒のお宅で、片づけのお手伝いをしてきました。片づけレッスンでは、押入れやバックヤードからスタートするのですが、理由は、比較的思い入れの弱い不用品が眠っていることが多い場所だから。たとえば、趣味に合わない頂(いただ)きもの、昔のお稽古(けいこ)ごと用品、古びてしまった服などは、

ものとお金を上手に管理する“3つの視点”

全体を把握する 鳥の目

空を飛ぶ鳥が下界を見るように、住まい全体や生活スタイル、お金の流れを俯瞰（ふかん）する目のこと。

細部を整える 虫の目

小さな昆虫が草や木の枝の間を這（は）うように、暮らしの細かい部分を見て、使いやすく整える目のこと。

将来に備える 魚の目

魚が水の流れにのって泳いでいくように、時間の流れや変化を予測して準備していく目のこと。

思い切って手放すとスッキリ！　ものに縛（しば）られていた生活から、3日で抜け出せるようになります。

さらに、多くのお宅を見てきて気づいたことがあります。それは、片づけがうまくいくと、自然とお金も貯（た）まっていくということ。ものが減ると管理がしやすくなり、同時にお金の出し入れが見えてくるからです。

たとえばあるご家庭では、保険の証券を整理すると同時に、保険を見直し、解約した分を貯金に回すことができました。

また、ものを厳選して持つ習慣ができ、ムダ遣いしなくなってお財布にゆとりができた方もたくさんいます。つまり、ムダが発見でき↓余計な出費が減り↓貯金が増えることで↓自然にお金持ち体質になれるのです。

では、ものとお金を上手に管理するには、どうしたらいいでしょう。それは上にあげた3つの視点を持つことです。「ものの管理がしやすく、出費のムダがなくなる仕組み」ができあがるはずです。

STEP 1 鳥の目

まず大事なのが目先にとらわれず、暮らし全体を見渡す「鳥の目」。快適な暮らしを手に入れるために必要なものがわかり、あいまいになりがちな家計の収支もはっきり見えてきます。

「鳥の目」の家計術　1日に使える予算を把握する

家計も全体のチェックから。まずは年収から固定費（貯蓄、教育、保険、ローンなど）を引いて、残りの年間変動費を算出。次に年間変動費を12で割り、さらに日割り計算すれば、1日に使える予算がわかります。もし、「足りない！」と思えば、働き方を変えるきっかけになるかもしれません。保険の見直しやローンの借り換えなどで貯金額アップも見えてきます。

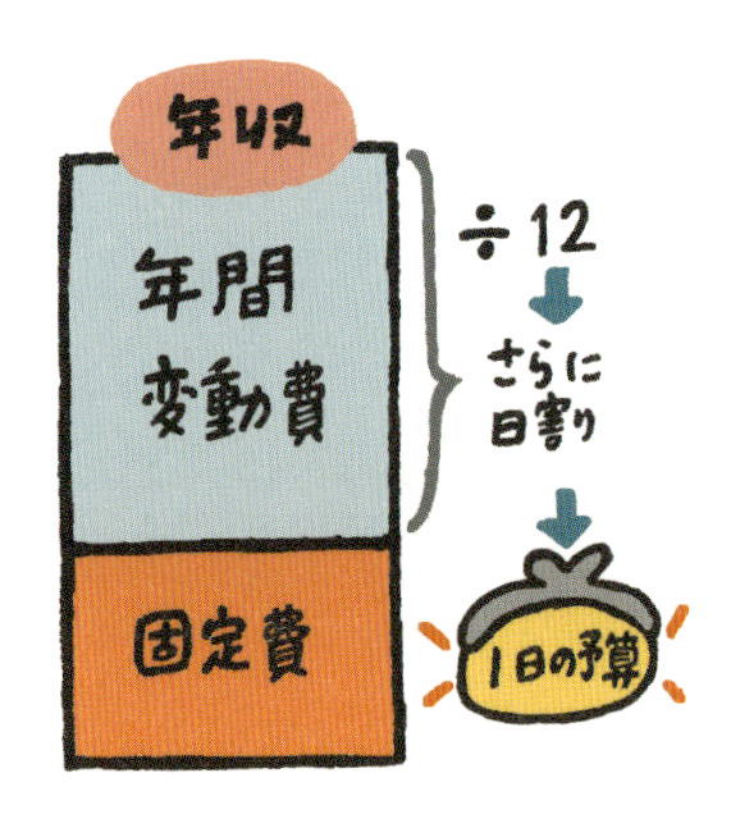

「鳥の目」の片づけ法　各部屋の役割を再確認する

自宅の間取り図を描き、家全体のスペースを把握します。夫婦の寝室や子ども部屋というように、各部屋の役割を再度きちんと決めたら、個人のものは個人の部屋へ。リビングに持ちこまないルールをつくれば、いつもキレイをキープできます。

また、各収納スペースにどれだけのものが収まるのかを把握しましょう。スペースには限りがあるため、本当に使うもの、心から愛するものだけを選び取ります。

STEP2 虫の目

「鳥の目」で選んだものを、「虫の目」で使いやすく収納します。引き出しの仕切り方や収納の区切り方、収納用品の選び方に工夫を。家計でいえば、日々の買い物の仕方を見直します。

「虫の目」の家計術 節約の基準を明確にする

「鳥の目」で算出した1日の予算がわかると、どれだけ使えるかが明確になってストレスがありません。また節約の基準にもなります。できれば、スーパーでは安価な食材に安易に手を出さず、冷蔵庫内の食材で一品作るなどして、黒字を積み上げる達成感を味わいましょう。抑えるところだけでなく、お金を使うべきところもわかるようになり、暮らしが豊かになります。

「虫の目」の片づけ法 “7割収納”で散らかりを防止

取り出しやすく、しまいやすい収納の基本は、“7割収納”です。ものの量は、スペースに対して7割を守りましょう。3割の空きスペースがあれば、心にゆとりが生まれ、ものを戻しやすいだけでなく、新しいものが来ても収納できて部屋が散らかりません。収納用品は色や素材、高さを考慮して選びましょう。洗濯した衣類はハンガーで干して、そのまま吊るして収納すると手間と時間が省けます。

STEP3 魚の目

子どもの独立、親の介護など家族の暮らしは変化します。「魚の目」で将来を予測して人生の節目に備えましょう。「魚の目」を持てば、将来叶(かな)えたい夢を実現させるための道のりも見えてきます。

「魚の目」の家計術 将来の出費を予測する

お金は一気に貯めることができません。子どもの進学資金、マイホーム資金、老後の資金などのまとまったお金が、いつ必要になるかを予測し、長期的な準備計画を立てましょう。毎月どれくらい貯金していけばいいのか、過不足がわかれば対策を練ることができ、過剰に不安になることがありません。

「魚の目」の片づけ法 ダウンサイジングでものを少なく

子どもが独立したら、夫婦で小さい家に住み替えたいといった夢を描いている人もいるはず。そうした暮らしの変化や夢に柔軟に対応するためにも、ものはなるべく少なくしておきましょう。今からダウンサイジングを意識しておけば、後になって慌(あわ)てることがありません。また、もの選びでは、家族のライフスタイルが変わっても長く使えるものを基準にしておけば、ものの増えすぎを予防してくれます。

捨てる前にコレ!!

家に物を増やさない方法

マキ

（シンプルライフ研究家）

広告代理店勤務のワーキングマザー。ブログで不要な物は持たない、不要な家事はやらない、日々のシンプルな暮らしぶりを紹介。『しない家事』（すばる舎）など著書多数。

ブログ「エコナセイカツ」

http://econaseikatsu.hatenadiary.com/

便利な家事グッズに、豊富なファッションアイテムなど、物があふれる現代日本。しかし豊かさの一方で、必要以上に物が増え、整理や処分に悩んでいる方も多いようです。そんな方に私が提案したいのが、「物を増やさない」という考えです。

そもそも物が少なければ、高度な収納術も、物を大量に捨てる作業も必要ありません。一時的に不用品やゴミを捨てるだけでなく、物を増やさないことを習慣にしてみませんか？

物に振り回されず、自ら厳選した物を一つひとつ大切にすると、時間にも心にもゆとりが生まれます。その先には、より心地よい毎日が待っています。

 取材・構成・文：粕谷久美子　イラスト：吉田静佳

物を増やさないための 3大ルール

うっかりすると、物はどんどん増えてしまいます。ルールを決めて、増やさない工夫をしましょう。

1.「無料」や「安物」に飛びつかない

無料の試供品や、100円ショップの商品などを「お得だから」という理由だけで求めるのはやめましょう。安いだけでそれほど気に入らない物は、結局あまり使うことがなく、ムダに物を増やすだけです。お得感に惑(まど)わされず、本当に価値ある物を丁寧に選んで愛用しましょう。

2.オールマイティに使える物を選ぶ

何かを買うときは、常に「用途の幅広さ」を考えて選び、物を最小限に抑えるように意識することが大切。例えば洗剤なら、手垢(てあか)から油汚れまで落とせる「セスキ炭酸ソーダ（アルカリウォッシュ）」、食器なら「ワンプレート皿」などを選ぶと、物をあれこれ揃(そろ)えずに済みます。

3.収納スペースに入る数だけを持つ

物は考えなしに買っていると、知らぬ間にどんどん増えていきます。本は本棚に入る分だけ、服はクローゼットにしまえる分だけなど、各収納スペースにきちんと保管できる数だけを持ちましょう。入らなくなったら、今ある持ち物を見直して、使っていない物の処分を。

空間別
アドバイス

リビング・寝室

リビングや寝室には、家中の雑多な物が集まります。
余計な物を増やさないコツをおさえましょう。

ゴミ箱は一家に一つ

各部屋にゴミ箱があると、すぐに捨てられてラクですが、それゆえちょっとしたことでティッシュを使うなど、気軽に物を消費してしまうことも。ゴミ箱は、廃棄物がよく出るキッチンに一つあれば充分。すべてのゴミが1カ所にまとまっていると、ゴミ出しもスムーズです。

箱なしティッシュをケースに入れて使う

箱入りティッシュは、使用後の箱が大きなゴミに。箱ではなくビニール包装のものを、ティッシュケースに入れて使うのがおすすめ。置きぶた式のケースだと、ティッシュが減るとふたも一緒に下がり、最後まで取り出しやすくて◎。

普段使いの下着は2セットあればOK

毎日洗濯するなら、普段使いの下着は2セットで充分。これだと、着用中か洗濯中かのどちらかになり収納いらずに。ただし頻繁(ひんぱん)に洗うと消耗が早いので、半年に1度ほど新調を。旅行などで予備も必要なら、別途1～2セットあってもOK。

その他の見直し
POINT

旅行中は、普段なら選ばない雑貨まで買ってしまうことも。お土産(みやげ)を買うなら、調味料など日常的に使う物を中心に。

空間別
アドバイス

浴室・洗面所

衛生面が気になるバスルームやトイレは、掃除グッズなどが増えがち。物は少なく、スッキリ清潔な空間を目指しましょう。

トイレットペーパーは芯なしのロングタイプを

トイレットペーパーを買うときは、個数だけでなく「長さ」にも注目を。よくある30mほどの物ではなく、170mなどのロングタイプを選ぶと、長持ちするのでストックが最小限で済みます。さらに芯なしタイプなら、ゴミの削減効果も。

安い台所スポンジを使い回せば、トイレブラシいらず

台所スポンジは、大容量パックで安く売っている物を使用。それを月曜から週末まで食器洗いに使い、さらに日曜日にトイレ磨きに使って、1週間で使い捨てを。こうすれば汚れたトイレブラシを置いておく必要もありません。

液体石けんを掃除や入浴に活用

普段の浴槽掃除は、最近増えている"洗剤不要"のスポンジだけでもOK。洗剤を使うときは、用途が幅広い液体石けんなどを選ぶとよいでしょう。また顔、体、手の洗浄剤は、無添加の液体せっけんが1種類あればこと足ります。

その他の見直し
POINT

バスタオルは各自1枚+お客様用1枚しか持たないようにすると、保管場所に悩むことがなくなります。

空間別
アドバイス

キッチン

キッチンは食材、食器、調理器具などがあふれ、整理収納に特に悩む場所。物を厳選して、快適なキッチンにしましょう。

調理器具は1種類ずつ

ザルやボウル、菜箸(さいばし)などのキッチンツールは、それぞれ一つあれば充分足ります。調理中に足りなくなっても、軽く洗いながら使えば済みますし、後片付けも簡単です。物が少ないと作業台を広く使えて、料理がはかどるというメリットも。

捨てるときを考えて商品を選ぶ

缶やビンは「燃えるゴミ」として出せず、ゴミ収集日も少ないので、すぐに捨てられず困ることも。例えば、トマトソースは紙パック、粉チーズやメープルシロップはパウチなどに入った商品を選ぶとよいでしょう。

なにかと増えるこんなアイテムは……

不要なDM

郵便物は個人情報が記載されているため、処分が面倒で放置されがち。いらないダイレクトメールは、受け取り拒否をするのも手です。開封せずに、余白に赤字で「受取拒否」と書き、その横に押印してポストに投函すれば、差出人に返却されます。

スーパーの袋

前述のように、物を増やさずに快適に暮らすコツは「収納場所に入る数」だけを持つこと。それは本や服だけでなく、レジ袋や紙袋なども同様です。保管場所を決め、そこに入らなくなったら捨てて、一定量以下をキープしましょう。

いろいろ変わりました♪

料理もお金もダイエットも、すべてのキーは「部屋の片づけ」なんです！

わたなべぽん

（漫画家）
第6回コミックエッセイプチ大賞・C賞を受賞し、漫画家デビュー。著書にコミックエッセイ『やめてみた。』（幻冬舎）など。

「キレイな部屋なんて、どうせドラマの中だけでしょ？」

数年前の私は、今よりも30キロ以上太っていて、家事にも身が入らず、おまけにお金も貯められず、「汚部屋」の中でこんな言い訳をしていました。「生活をしているんだから仕方がない」と汚い部屋に「慣れて」いたんです。

でも、今思えば、マヨネーズのストックが5本もあったり、冷蔵庫のニンジンが「小さな漢方薬」みたいになったり、マグカップが20個もあったり、床に服が散乱していたりという状態は我がことながら危険でしたね。

汚れが限界に達し、「このままではマズイ！」と思ってから、少しずつ片づけとそうじを始めたのですが、悪戦苦闘のその日々は、予想外の気づきに満ちていました。

まず、部屋が少しずつキレイになるにつれて、調理などの家事もスムーズになり、モノを探し回る時間もカットされ、お金

取材・文：編集部

キレイにしたら 勝手に

も自然と貯まるように。そして「私ってやればできるじゃん♪」と自分に自信もついてきたんです。

「たかが片づけ」という気持ちから始めたのに、キレイな部屋を手に入れた今となっては「部屋を整えること」は「暮らしを整えること」、それはつまり「人生を整えること」なんだと実感しています。

「幸せになるためにやみくもに捨てる」はＮＧ！

ただし、注意してほしいのは「幸せになるために、やみくもにモノを捨てる、キレイにする」のではなく、あくまでも、

①少しずつでいいので、そうじ・片づけをする
②だんだんキレイな空間に慣れていく
③暮らしが少しずつラクになって、片づけの楽しさにも気づく

というステップを踏むことが大事なんです。

「幸せになりたい気持ち」が強すぎると完ぺき主義になったり、継続が難しくなりがちです。少しずつ、「小さな変化」を楽しみながら暮らしを整えていきましょう。

次のページからは、そんな「小さな変化」を紹介しますので、キレイな部屋を目指す人は道しるべに、すでに片づけ習慣を身につけた人はリバウンドしないための戒めにしてください。

そうじ＆料理

「いつでも人を呼べる家」を
手に入れましょう♪

キレイ

- そうじがラクに
- 友人を呼んで自宅で
  プチパーティーを開く
- ついでにキレイにする
- 料理の頻度とレパートリー数UP

汚

- 「土・日にまとめてそうじ
  すればいいや」が口ぐせ
- 収納グッズに頼る
- ついでに汚す
- 「○○をキレイにしてから」
  と言って料理をしない

そうじが習慣になる前は、冷蔵庫から「元きゅうりだった物体」を発見したり、「そうじは週末にやろう」と決意→「休みの日は休むべき。来週にやろう」とサボったりしていました。

しかし今では、ときどき友人を自宅に招いてプチパーティーを開くことも。人を呼ぶと見栄え(みば)のよい料理（私の場合はパエリアとか）も作れるようになりますし、そうじにも気合いが入ります。

ぽんさんのおすすめテクニック

冷蔵庫や引き出しは1段まるまる空けておく

ケーキなどの「不意の大物」が収まりますし、拭きそうじも「空いた段」に移動させながらできるので格段に楽になります。

ついでにキレイにする

起きたら顔を洗って、濡(ぬ)れた顔のまま洗面台を手で洗い、顔をタオルで拭いて、そのタオルで洗面台・鏡を拭いたら洗濯かごに入れて、新しいものに替えます。入浴なども同じ「ついでにキレイ」の精神で。

お金

片づけとお金は関係ない？
いいえ、大アリです！

キレイ

- 買う前に「しまう場所」を考える
- 引き出しのサイズを測って、携帯にメモしてある
- ちゃんとしたモノを買って長く使う
- ムダな服を買わない

汚

- マヨネーズがあちこちにある（我が家には５本もありました…）
- 定位置を考えずに買って、テーブルや床に置く
- 「せめて服で着飾ろう」と考える
- 似たような安い服をたくさん買う

５本目のマヨネーズを発見したときは、さすがに落ち込みました。

しまう場所が定まっていなかったので、冷蔵庫や引き出しなどからマヨネーズが発掘されるのです。これは他の調味料や食材でも起こっていたので、いったい何万円損したか分かりません。

また、かつての私は、いつも心のどこかで「私は部屋が汚い女」という負い目を持っていたためか、「せめてバッグ、服で着飾らないと」と気張っていたのです。不思議な思考回路ですよね。しかも、クローゼットの中を把握できていないために「似たような安い服」をたくさん買って「お金が貯まらない」と落ち込んでいました。

汚部屋から解放された後は、自分が本当に好きな服、似合うモノも自然と分かって、以前より買い物を楽しんでいます。

人間関係&メンタル

片づけでもっと自分を好きになりませんか？

キレイ

- 夫と映画を観たりして「一緒にくつろげる」ように
- 自分に自信が持てる
- 前向きな気持ちになりやすい
- 一緒に住む人も「キレイに暮らす」ように

汚

- 「私は片づけられない女」「夫に申し訳ない」と思い込む
- でも、「そうじしたら？」と指摘されるとイラッとする
- そうじ・片づけができないことに落ち込む
- 家に人を呼べない

汚部屋に住んでいたころ、夫は気を遣って（つか）いたのかあまり私に不満を言いませんでした。でも、私は心の中で「きっと夫はできない嫁をもらったと後悔しているんだろうな」と考え、苦しんでいました。

そして、ひとたび部屋の汚れを指摘されると「今やろうと思ってたのよ！」と噴火（ふんか）します。それがもとでケンカしてしまうこともありました。

汚い空間を見て気分がよくなる人はいない。キレイな部屋は快適。

当たり前のようでいて、この言葉の本当の意味に気づいているのは片づいた部屋に住んでいる人だけなのです。今は、「住まいとくつろぎを大事にして、地に足をつけて暮らしている毎日」を噛み（か）しめるようにして、夫とも仲良く暮らしています。

健康&ダイエット

スリムな体で心地よい
毎日を過ごしましょう♪

キレイ

- 夫も自分も健康に
- 野菜を食べることが増える
- ランニングが習慣に
- 毎日、湯船につかって
リラックス♪

汚

- 夫が喘息に(ハウスダストが原因)
- インスタントの食事が多い
- DVDを観て
エクササイズができない
- お風呂は、シャワーを浴びて
ざっと頭を洗って終了

かつての私は、切ったりするのがめんどう、鮮度が落ちるし、保存が手間、ゴミも出るという理由から、野菜を敬遠していました。これでは健康も遠のきますよね。片づけが習慣になってからは、野菜が毎日の食卓に登場するようになり、心身の健康をサポートしてくれています。

さらに、部屋を整えてから、ダイエットやランニングも続くようになりました。これはきっと「試験前にそうじしたくなる現象」と同じです。以前の私は「走る前に、まずそうじだ」と考えて、けっきょくのところ、そうじもランニングもしなかったのです。

部屋は植物でいうと、根を張るための地面のようなもの。すべての基本です。あなた自身を大切にするためにも、キレイをキープしてくださいね。

メンタリストDaiGoが断言

「捨てられない」は思い込みだ！

メンタリスト DaiGo

メンタリスト ダイゴ●人の心を読み、操る技術“メンタリズム”を駆使する日本唯一のメンタリスト。外資系企業の研修やコンサルティングも手がける。『「好き」を「お金」に変える心理術48』(PHP研究所)など、著書累計発行部数は210万部を超える。

取材・文：柳本 操

「捨てられない性格」なんてない

「これは便利！」「何これ！　かわいい♪」と思うとすぐに買ってしまう。「いつか使うかも」と思うと、もったいなくて捨てられない。思い出が詰まったモノを手放せない……。こんなふうに身の回りがモノであふれてしまい、「自分は捨てられない人間だ」なんて悩んでいませんか？

でも、**モノがあふれるのはあなたの性格の問題ではなく、「モノを捨てる決断ができない状況にたまたま陥っているから」。つまり、単なる思い込みなのです。**

目の前にあるものを「捨てる」「捨てない」という決断をしているのは、脳の「前頭葉」です。この前頭葉は、脳の司令塔ともいわれ、決断や判断をする際の「意志力」を司っていますが、意志力はストレスや睡眠不足、疲れなどによって低下します。

モノがあふれ、散らかった部屋にいると、部屋の住人に知らず知らずのうちに「捨てられない、片づけられない自分はダメな人間なんだ」という重圧がかかります。そして、そのストレスによってよけいに意志力が低下し、ますます捨てられなくなる、という悪循環が起こってしまいます。散らかった部屋で眠るとそれだけで睡眠の質が低下する、という研究もあるくらいです。

でも、安心してください。メンタリズムを使えば、ちょっとした思考スイッチの切り替えによってスムーズに「捨てられる」ようになるのです。

もったいないという気持ちを「捨てる代わりに得られるモノがある」と切り替えたり、捨てるのが楽しくて仕方がなくなるような技を使う、捨てるタイミングを変えるなど、僕自身が日頃実践しているやり方をお教えしましょう。

キッパリ捨てられるようになる

6つのスイッチ

1 朝一番に捨てる

一念発起(いちねんほっき)して片づけ始めたのはいいけれど、「捨てる候補」がたまる一方で、最後には「やっぱり捨てられない」と挫折(ざせつ)……。こんなこと、ありますね。

実はこれは「捨てる判断をする時間帯」を間違えていることによる失敗です。片づけをすると、疲れがたまり、日が暮れるころには意志力は最も低いレベルに。**そもそも意志力が低下したときに捨てる決断をしようとするから失敗する**のです。

捨てようと思ったら、掃除は朝一番にはじめ、朝のうちにゴミ捨て場へ。朝は意志力が高いので、スムーズに捨てられます。

2 「捨てる代わりに手に入るモノ」を考える

とにかく捨てたくない、と思ったら、「捨てることによって手に入るモノ」を考えてみましょう。

捨てると、そのモノが置いてあったスペースが空き、新たな空間が手に入ります。スッキリと片づいた部屋のなかでは気持ちもスッキリし、仕事や家事の集中力も格段にアップします。また、**「捨てようかどうしようか」と迷う時間がなくなるため、自由な時間が手に入ります。**

「これを捨てることによってもう二度とこの場所を整理しなくていいんだ」という爽快感をイメージしてみると、気持ちよく捨てられるはずです。

3 人にあげて、心を満たす

せっかくお金を出して買ったのに……。こんなふうに、捨てることによってそのモノの価値がゼロになってしまうような喪失感があると、捨てる覚悟がなかなか決まらないものです。

そんなときは、友だちなどにあげるという方法も効果的です。誰かの役に立っていると思えば、手放す勇気も出るもの。

また、多くの場合、**人は「してもらった行為よりももらったモノに感謝する」**という心理的法則があります。形あるモノをプレゼントすると、相手の印象に残り、かなり高い確率で相手からお返しを受け取ることができる、といううれしいおまけも得られますよ。

4 捨てる“モノ”よりも“目標”を決める

目の前のモノを見つめながら「捨てるか捨てないか」と思案するうちにどんどん時間が経ってしまう。

そんなときは、「今日はこの棚まわりを30分間で片づける」あるいは「今日はゴミ袋3つ分だけ捨てる」「このスペースを空っぽにする」というふうに、自分でその日の目標を決めると、行動を前に進めやすくなります。

捨てるモノにとらわれず、空にする空間や、捨てるモノの量を決めてしまえば、その目標の達成のために、優柔不断な人でもさくさくと捨てる決断をしやすくなるのです。目標を達成した気持ちよさを味わうと、捨てることが快感になりますよ。

5 大きいモノから捨てる

こまごましたモノを捨てても部屋全体の見た目はほとんど変わりません。

そこで、「捨てるときには大きいモノから」というルールを作ると、俄然、捨てる作業が面白くなります。あまり使わなくなった大きな家具やスキー板などを捨てると、占領されていた場所が広く空くので、気持ちがスッキリして片づけるモチベーションが高まるもの。

ちなみに**「模様替え」も同様に、家具を動かすためにモノを減らす作業が必須となるため、捨てるモチベーションが高まります。**毎月1回模様替えをする、などとルールを決めれば、捨てる作業を習慣化できるのです。

6 空いたスペースを新たなモノで埋めない

モノを捨てて新たな空間ができたからといって、すぐには新しいモノを買わない、ということがとても重要です。

哲学者のアリストテレスが「自然は真空を嫌う」と言ったように、人間は空いたスペースを見ると、つい何かで埋めたくなるという性質を持っています。だからといって思いに任せてモノを買うと、せっかく片づいた空間が元の散らかった部屋になってしまうだけ。

つい買いたくなる**収納グッズにも要注意。収納グッズを買うと、そのぶんだけ物理的に部屋の空間は狭まってしまうし、収納グッズに収めるためにモノを増やしたくなってしまいます。**

そうじは「まずは片づけてから……」とか、

「一気に済ませてしまわないと……」

なんて思い込んでいませんか？

そんな〝NGな思い込み〟を一掃しましょう。

これが正解！ そうじ力をアップさせる「新常識」

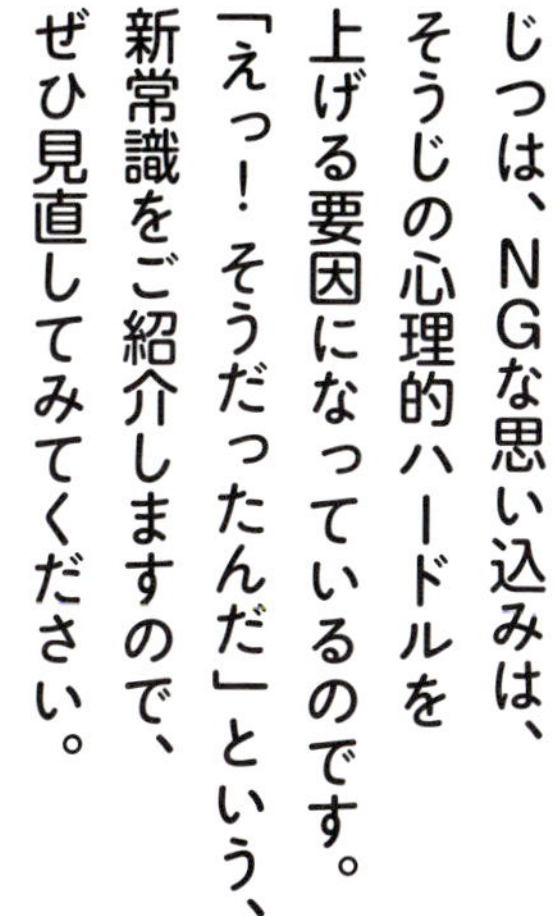

じつは、NGな思い込みは、そうじの心理的ハードルを上げる要因になっているのです。「えっ！ そうだったんだ」という、新常識をご紹介しますので、ぜひ見直してみてください。

東 いづみ（掃除家）
ひがし いづみ●趣味のそうじをメインテーマとしたブログが人気に。著書に『子供とペットとスッキリ暮らす掃除術』（KADOKAWA／メディアファクトリー）など。

 取材・文：浜口恵美子 イラスト：池田須香子

そうじを苦手にする 5つのNG思い込み

こんな思い込みが、
そうじを「大変なもの」に
しているのです。

1 そうじは片づけが終わらないとできない

「そうじは整理整頓をした後にやろう」などと、片づけとセットにしていると、なかなか最初の一歩が踏み出せません。

2 そうじはがんこな汚れを落とすもの

「がんこな汚れさえ落とせば、家はキレイになる」なんて、目に見える汚ればかり気にしていませんか？　本当の敵は別にあります。

3 そうじの前にはしっかりと計画を立てるべき

そうじは完璧な計画を立てないと進まないと思っていませんか？「まずはスケジュールを立ててから」を捨てましょう。

4 道具をそろえないと、汚れは落ちない

「そうじグッズは多ければ多いほど良い」ということはありません。道具を多くそろえすぎると、持て余してしまうことに。

5 そうじはまとめて冬に行なうもの

「やっぱり大そうじといえば、年末でしょ」と、季節にとらわれていませんか？　オススメは夏。気温が高いので汚れが落ちやすいです。

考えるより、まず「手を動かすこと」！

そもそもズボラだった私がそうじに目覚めたのは、古シーツを切りきざんで作った一枚のウエスを手にしたとき。母がよく古布をウエス代わりにして拭きそうじをしていました。そんな姿を見ていたせいか、私もやってみようと思い立ち、気づいたときに床や家具をちょこちょこ拭いてみることに。始めて二週間、気づけば家中がピカピカに輝いていて、とても感動しました。

その後、三人の子どもたちと猫たちとの暮らしが始まってからは、拭きそうじの量もアップ。次第に私のなかで本格的にそうじスイッチが入っていきました。

つい、「そうじは大変なもの」と思いがちなのですが、いろいろ「考えすぎ」は禁物です。そうじには、完璧な片づけも、綿密な計画づくりも、たくさんの種類の道具も不要です。

必要なのは、あれこれしなくちゃと考えるよりも、手を動かすこと。私自身もそうでしたが、試しに一度、目の前のスペースをウエスでちょこっと拭いてみてください。気楽に手を動かし始めれば、きっと家はキレイに輝き出します。まずは苦手意識の原因となっている古い常識を捨てましょう。新常識と入れ替えれば、そうじのハードルもグッと下がるはずですよ。

これがそうじの新常識

新常識で、あなたの“そうじ力”をアップさせましょう。

新常識1 そうじは片づけた後でなくてもできる!

片づけとそうじをセットにしていると、そうじはいつまでたっても後回しに。ですが、窓や鏡の拭きそうじなど、片づけなくてもそうじできる場所はたくさんあります。このふたつを切り離して、「まずはそうじ！」という習慣をつけましょう。

そうじをするとき、モノが邪魔になるのであれば、とりあえず横に寄せておけばOK。拭き進めるなかで、いよいよ追いやる場所がなくなったときが、片づけと収納の出番。「じゃあ、これをどこに片づけようか」と考えます。収納も細かく分別せず、決めたスペースに入っていればよしとします。

新常識2 がんこな汚れよりも、「ほこり」がやっかいもの!

落ちにくい面倒な汚れの正体は、じつはほこり。空気中のほこりが油などにこびりついてできたものなのです。この目に見えにくいほこりをそうじする、という意識を持ちましょう。

朝は窓を開け、空気の流れでほこりを外に出します。壁や家具についたほこりは上から下へハンディモップでぬぐい取ること。ほこりは一晩かけて積もるので、散らかったモノは夜のうちに収納しておきます。洗剤選びよりもまずは、家全体の“ほこり度”をいかに下げるか、です。わが家では、ハンディモップと空気清浄機が大活躍しています。

そうじは計画するほど挫折する！

完璧なそうじスケジュールを立てても、おおかた計画通りにいかず挫折するもの。そうじに計画は不要。まずは、いま気になっているスポットを集中してそうじすることから始めましょう。大事なのは悩むより、とにかく手を動かすこと。そしてその場がキレイになれば、満足感が得られ自信がつきます。すると自然に体は動き出し、次から次へとそうじしたい場所が広がっていくようになります。

道具よりも、「困りごと」を突き詰める！

やみくもに道具をそろえても、かえって複雑になるだけ。まずは自分が、「どこのどんな汚れに、何がうまくいかずに困っているか」を明らかにした上で、必要な道具を考えます。

例えば、フローリングのこびりついた汚れをどうにかしたいけれど、腰が痛くてぞうきんがけがツラいのなら、立ったままぞうきんがけができるフロアワイパーを選べばいいのです。道具は少数精鋭がベスト。1枚でこすり洗いから拭きあげまで済んでしまう、プロユースのクロスを使うのも一案です。

私の愛用のそうじ道具

- 「ぞうきんワイパー200」（フローリングの水拭き用）
- 「コンドルマイクロファイバークロス R」（汚れ落とし用）
- 「コンドルマイクロファイバークロス BL」（ガラス拭き用）

メーカー希望小売価格は、上から1,836円（税込）、972円（税込）、864円（税込）です。

＊商品のお問い合わせ先：0120-530-743（山崎産業カスタマーサービスセンター）

上大岡トメ

(イラストレーター、
「ふくもの隊」隊長)
かみおおおか　とめ●山口県在住。ふくもの(縁起物)と建築が好き。最近「乗りテツ」であることを自覚する。『日本のふくもの図鑑』(朝日新聞出版)など著書多数。

家の中のものを本気で減らそうと思ったのは、ぜんそくを突然発症した50歳直前の春でした。ハウスダストがぜんそくの発作のひきがねとなる！　いのちにもダイレクトに影響するため、掃除を少しでもしやすくするため、ものを減らす決意をしたのです。

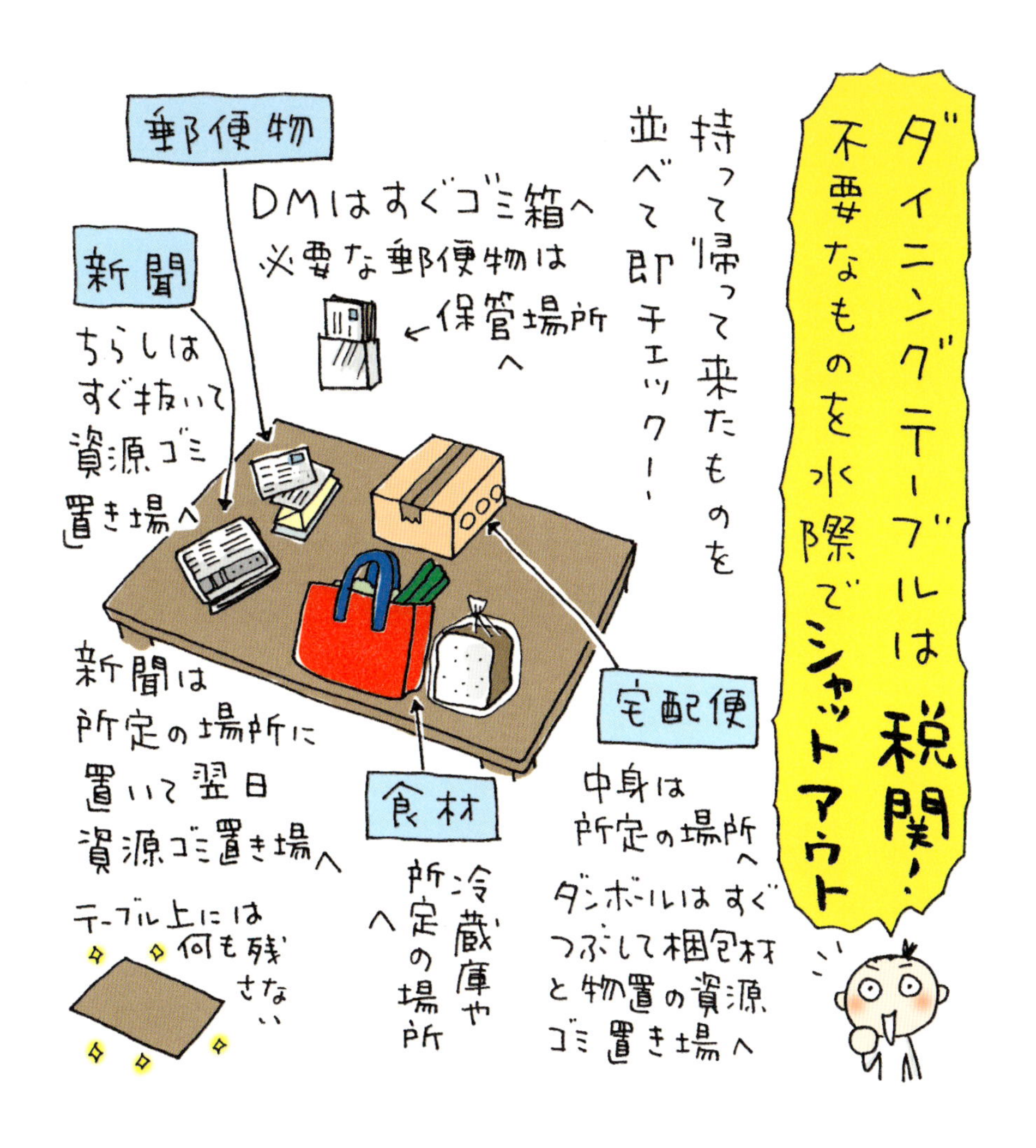

今あるものを減らすことと同時に、「ものを家の中にいれない」ことにも着目しました。

家の中にものが入って来る瞬間は、自分が外出から帰って来たとき。ものが歩いて勝手に入って来ることはありません（家族が持って入ることはあるけど）。

不要なものが外から入って来るのを水際（みずぎわ）で阻止（そし）する、そのカギをうちではダイニングテーブルが握っています。

ふだん、テーブルの上は、何も置かれていない状態。帰宅したら、持ち帰ったものをいったんその上に全部置きます。そこでダイニングテーブルは、税関と化す！ものを広

げて即チェック。必要なものは、それぞれ所定の場所へ。

不要なもの（梱包(こんぽう)材や外出先でもらったちらしなど）は即刻ゴミ箱や物置の資源ゴミの保管場所へ。外から侵入した不要なものをちょっとでも置きっぱなしにしない。そうしないと次の置きっぱなしを呼んでしまうからです。

家にものをいれる前の段階「買わない」も重要。私は服を買うのが大好き。衝動買いも少なからず。それを阻止するために作ったのが「洋服図鑑(ノート)」です。

今、自分が持っている服、靴を種類に分けて一冊のノートにまとめました。それを持ち歩くと、お店で服をみて

「欲しい!」となっても「同じようなのを持ってる!」と思いとどまれるのです。

図鑑には「春先に大活躍」とか「旅行に便利」などひとことコメントをつけておきます。もちろんイラストなしでリストだけでもOK。要は自分がわかればいいのですから。この図鑑のおかげで、衝動買いから見事! 卒業しました。

不要なものを家にいれないようにしていると、本当に自分に必要なもの、欲しいものがハッキリしてきます。

私の場合は、「ふくもの(縁起物)」。

ここでもやみくもに集めて

家にいれないように、自分のルールを決めています。選ぶ基準は「イラストにしたら、かわいいもの」。厳選して買ったふくものだけに、さらに愛おしく思える。見ているだけで幸せ。

いろいろ対策をしてそれでも、物欲に負けそうなとき、パンチの効いた特効薬があります。それは燃えないゴミの処分場を見に行くこと。

　私の住む自治体では、大量もしくは大きいサイズの燃えないゴミは、処分場に有料で車で持ち込めます。処分場は大きな穴のようになっていて、そこには家庭で使われていた家電や家具など、大量の燃え

ないゴミが。そして自分が持ち込んだものを、職員立ち会いのもと、自ら（みずか）そこに投げ込みます。さっきまで家の中にあったものが、ゴミと化す瞬間。すごく切ない。もう捨てるのはいや！と心底思う。

　これを経験していると「買いたい」衝動に見舞われたとき、「ホントに必要なのか？」と立ち止まることができるのです。

家の中のものが減りはじめて感じました。風の通りがいい！たくさんのものが、空気をよどませていたのです。ぜんそくもすっかり治まりました。

家事えもん流

“すご落ち”道具&テク

**大そうじは年末より、夏にやるのがおすすめ！
ここでは、テレビで大人気の家事えもんさん直伝の
そうじテクニックをご紹介します。**

松橋周太呂

（タレント）

まつはし　しゅうたろ●お笑い芸人として活躍するいっぽう、掃除能力検定士５級、ジュニア洗濯ソムリエの資格も取得。「得する人損する人」（日本テレビ系）では、「家事えもん」として披露するさまざまな家事テクニックが話題に。著書『すごい家事』（ワニブックス）も大ヒット。

家事えもん流 そうじの極意

「家事のエキスパート」として、テレビや雑誌に登場させていただいているのですが、じつは、僕、別に「家事好き」ではないんです。むしろ嫌いと言ってもいいくらい。

特にそうじなんて、面倒で仕方がない。だから、「なんとかさっさと終わらせたい！」と強く思うようになったんです。そこで出合ったのが、簡単に汚れを落とす方法やアイテムだったんですよ。

そうじが苦手という人も僕のやり方さえまねしてくれたら、さっさと終わらせることができます。僕のそうじのポイントはたった一つ。「いかにラクしてさっさと終わらせるか」です。

さあ、「油汚れ」や「水アカ」なんてさっさと落として、もっと好きなことに時間を使いましょう。

取材・文：熊本りか　イラスト：SUITA

油汚れ落としのラク早技

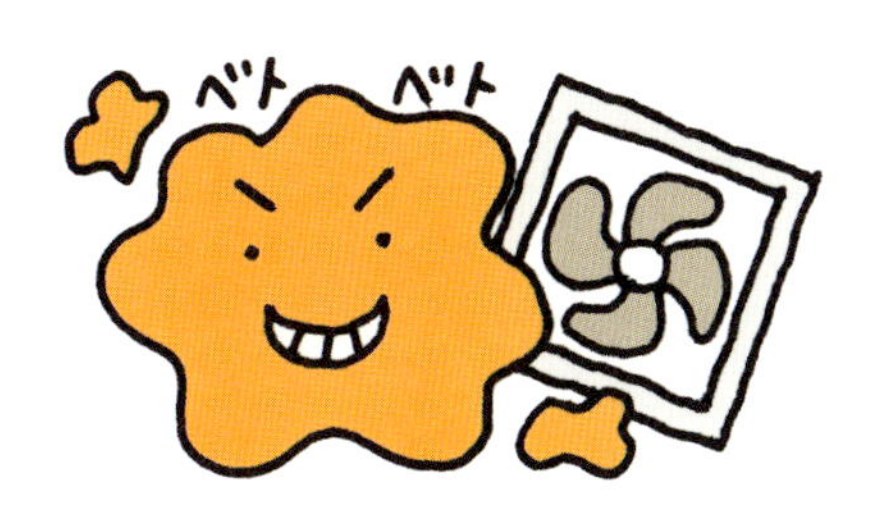

油汚れの仲間たち

- キッチンの壁の油ハネ
- コンロまわりのベトベト
- 壁の手アカやタバコのヤニなどの汚れ
- 換気扇のベトベト
- 網戸やブラインドの汚れ

油汚れって何？

正体 酸性の汚れ

弱点 反対のアルカリ性の洗剤で「分解して浮かせる」

手軽に使えるアルカリ性の洗剤といえば、重曹やセスキ炭酸ソーダ水。どちらも低刺激で低価格なのが魅力ですよね。ホームセンターや100円均一ショップで手に入ります。セスキ炭酸ソーダ水は、重曹よりもアルカリ性が強く、汚れを落とす効果は重曹より上で、タンパク質も分解するので、トイレの壁や床の汚れにも効果を発揮します。液体として売っているものもありますが、粉末状のものを水に溶かして使用することもできますよ。

1 キッチンの壁の油ハネ、コンロのベトベト

汚れに直接セスキ炭酸ソーダ水を「下から上」に吹きかけて、キッチンペーパーや布などで拭き取ります。こうすることで、分解された油が流れてシミになることを防げるのです。汚れがひどい場合は、セスキ炭酸ソーダ水を吹きかけたあと、キッチンペーパーを貼り付け、それをラップで覆(おお)って時間をおき、浸透(しんとう)させてから拭いてください。

2 換気扇のベトベト

広範囲に油がこびりついている換気扇は、十分に“つけおく”ステップをプラスすること。そうすることで結果的に早く、ラクに汚れを落とすことができます。水をためられるシンクがあるなら、そこに熱々のお湯を張り、水の量に合わせて重曹を溶かし入れます。1～2時間くらいつけおくと、油汚れは分解されます。

でも、おそらくまだ汚れが残っています。この汚れ、じつは成分的には水アカ汚れと同じ。ですからこれ以降は、水アカ汚れ落としのラク早技（P.47～48を参照）を試してみてください。

3 網戸の汚れ・ブラインドの汚れ

網戸の汚れは、セスキ炭酸ソーダ水を吹きかけたあと、ボディタオルを使って汚れをかき出します。ボディタオルは適度なコシがあり、繊維がデコボコしているので、網戸の汚れ落としに最適。力を入れて拭きづらいブラインドは食器洗い用スポンジを使うと便利ですよ。

油汚れの究極のラク早洗剤はこれ！

アルカリ性が強い（pHが高い）ほど、酸性の油の分解能力も高くなります。重曹の8.2、セスキ炭酸ソーダ水の9.8に対し、この洗剤のpHは12.5。一般生菌を強力除菌できます。しかも成分は100%水ですから、すすぎも不要。仮に食べ物にかかってしまっても安心です。たんぱく質も分解するのでトイレそうじにも使えます。家中あらゆる場所でラク早を叶えてくれるので、この値段も安いくらいだと僕は思っています。

「超電水クリーンシュ！ シュ！」
（ケミコート）
500ml
1,058円（税込）

水アカ汚れ落としのラク早技

水アカ汚れの仲間たち

- お風呂の鏡のウロコ汚れ
- シャワーヘッドの白いかす
- 蛇口やシンクの白い汚れ
- コンロや換気扇や鍋のコゲ
- トイレの尿石

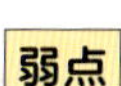

水アカ汚れって何？

正体 水分が蒸発するときに残った
カルシウムやマグネシウム（アルカリ性）

じつは鍋やコンロの真っ黒な「コゲ」も成分的には水アカと同じ。だから、水アカとコゲは落とし方も似ているのです。

弱点 ①酸で溶かして落とす、または
②研磨材を使ってとにかく削る

頑固な水アカには、①酸である程度軟らかくしてから→②とにかく削るという合わせ技で。一度少し磨いて水アカに傷をつけ、そこに酸を染み込ませる、というプロの技もあります。手軽に使える酸はクエン酸水、研磨材として活用できるのは顆粒状のクエン酸と、粉やペースト状の重曹です。特に重曹は粒子が水に溶けにくいので、クレンザーとしてオススメです。

1 お風呂の鏡のウロコ汚れ、シャワーヘッドの白いかす、蛇口やシンクの白い汚れ

重曹を使って磨く場合は、丸めたラップにつけて磨きます。ラップはスポンジと違って研磨成分が内部に吸われないので、研磨材の効果を最大限に発揮できます。クエン酸水で溶かす場合は、吹きかけたあとラップを貼り付けて20分～１時間ほど放置。クエン酸を使って溶かして落とした後は、顆粒状のクエン酸で研磨しましょう。

コンロや換気扇や鍋のコゲ

油汚れを溶かしたあとの黒い汚れは、ラップに重曹を付けて磨きます。じつは、歯磨き粉も研磨材として使えます。毛を短くカットした使い古しの歯ブラシを使えば細かい場所も磨きやすいですね。もっと細かい場所は、斜めにカットしたプラスチック製のポイントカードが便利。硬さもほどよく、先端がすみずみまで届くので、コンロまわりのコゲそうじなどに。

トイレの尿石

カチカチに固まっている尿石は、ちょっとやそっとこすっても全く歯が立ちません。まずはクエン酸水でしっかり溶かしてから、プラスチック製のカードをカットしたもので、丁寧に削っていきます。中途半端に残してしまうと、そこに水がたまり、さらに水アカがたまってしまうので、ここは覚悟を決めて徹底的にキレイにしてしまいましょう。一度キレイにしてしまえば、その後尿石や水アカは付きにくくなりますので、長い目で見れば、徹底的にやることこそがラク早技だとも言えます。

水アカ汚れの究極のラク早洗剤はこれ！

水アカ汚れ落としのポイントは①酸で溶かす②とにかく削り取る、こと。この2つの方法を同時に行なえる、つまり、研磨剤と酸が両方入った洗剤がこれ。絶妙な硬さの研磨剤を配合しているので、鏡などを傷つけることなく、水アカ汚れをしっかりと、短時間で削り取ることができます。重曹などと同様、丸めたラップを使って磨くのが、洗剤の効果を最大限に引き出すコツです。

「茂木和哉」
（きれい研究所）
200ml
2,036円（税込）

カビ汚れ落としのラク早技

カビ汚れの仲間たち

- お風呂場のしつこいカビ汚れ
- お風呂場の天井の汚れ
- 窓枠のゴムのカビ汚れ

カビ汚れって何？

正体　湿気が大好物な菌類

そのため、カビ取り剤でキレイにそうじをしたら、きっちり乾燥させるのが、カビを防ぐコツです。

弱点　天井のそうじ

カビは乾燥して死滅する直前にしぶとく最後の胞子をとばし、それが天井などに着地して再びカビを発生させます。だから、お風呂の大そうじの際は、天井のそうじも徹底的にしましょう。確かに面倒くさいですが、カビが再び発生するまでの期間は確実に長くなります。

市販の塩素系カビ取り剤は、カビ取りと漂白が同時にできますが、黒くなる前のカビなら、エタノールでOK。揮発性なので、すすぎの手間が省けます。

1　お風呂場のしつこいカビ汚れ

漂白と殺菌が同時にできる市販のカビ取り剤は、泡になってカビに留まります。ただ、漂白能力や殺菌能力はキッチンで台拭きやまな板を漂白する際に使用する塩素系漂白剤のほうが上。だから頑固なカビ汚れにはこちらを使うほうがラクに早く落とせます。液体で流れ落ちやすいのが欠点ですが、同量の片栗粉を混ぜれば、のり状になって使いやすくなりますよ。

このカビ取り液をカビがついている部分に直接塗り、ラップをかぶせて20分ほど放置。最後はたっぷりの水でしっかりすすいでください。お湯ですすぐと片栗粉が固まってしまうので要注意！ 一度で落ちない場合には、何度か繰り返せば、しつこいカビ汚れも撃退できます。

※塩素系漂白剤などを使用するときは、ゴム手袋などを使用してください。

お風呂場の天井の汚れ

手が届きにくい天井は、そうじが大変！ でも、フロアモップを味方にすれば、ぐーんとラクになります。まず、キッチンペーパーにカビ取り剤をスプレーします。目や口に入らないよう、必ず胸より下で行なってください。そのあと、キッチンペーパーを取りつけたフロアモップを天井にあて、カビを拭き取っていきます。

一見キレイに見える場所にもカビ菌が潜んでいるので、すみずみまでキレイに拭き取りましょう。次に水を含ませたキッチンペーパーに取り替えて、カビ取り剤が天井に残らないよう、キッチンペーパーを取り替えながらしっかりと水拭きします。最後に乾いたキッチンペーパーに取り替えたフロアモップできちんと水分を取れば終了。天井までキレイになったあと、燻煙剤を使ってすき間や目に見えない菌まで殺菌すれば完璧です。

窓枠のゴムのカビ汚れ

丸めたキッチンペーパーにカビ取り剤を染み込ませ、カビの生えたゴムパッキンの上にのせます。その上にラップをかぶせ、20～30分放置。その後、しっかりと水拭きするか水ですすぎ、乾いた布やキッチンペーパーなどで水分を拭き取れば終了です。窓枠に潜んでいるカビを放置していると、冬になって窓に生じた結露の水滴で一気に広がり、窓に触れるカーテンにカビを生やします。ですので、夏のうちに窓枠のカビは一掃しておきましょう。

カビ汚れの究極のラク早洗剤はこれ！

塩素系漂白剤は苦手という人にオススメしたいのがこれ。乳酸でカビを死滅させてくれるスグレモノで、市販のシャンプーより低刺激なのだとか。これなら洋服にかかったり、お風呂場の天井から落ちてくるのにビクビク……という無駄なストレスから解放されます。発酵乳酸菌のパワーは強力で、10分でカビを98%以上除去できるそうです。

「カビナイト Neo」
（飛雄商事）
500ml
1,058円（税込）

これでスッキリ！　ムダなし！

食材使い切りの極意

「台所」も思い切ってムダを捨てて、スッキリさせましょう。冷蔵庫は中身の回転も早く、「いる」「いらない」の判断をしやすいので、実はリセット作業がしやすい場所。いちど中身を全部出してチェックし、きれいに整理してみませんか。

でも、これまでと同じ生活では、あっという間に元の冷蔵庫に逆戻り。買いもののムダも捨てて、スッキリとした台所をキープしましょう。

そのためにも、まずは食材をきっちり使い切る努力を。ムダなものは家に入れない、入れた以上は使い切る、を繰り返すうちに自然と、わが家に必要なもの・不要なものが区別できるようになっていきます。

台所仕事のストレスが減る、使い切りワザをご紹介します。

田内しょうこ（料理研究家）

たうち　しょうこ●アメリカの女子大を卒業後、出版社を経て料理研究家に。時短セミナーも手がける。著書に『「今日も、ごはん作らなきゃ」のため息がふっとぶ本』（主婦の友インフォス）、『汁かけごはん』（駒草出版）などがある。

　イラスト：ひがしはらかつえ

使い切りワザ 1

野菜

野菜の買い方にも基本ルールを設けましょう。「玉ねぎ、じゃがいも、にんじん」は常備。その他は3～7日で使い切れる量を。

「青菜類、ブロッコリー」などは3日、「キャベツ、大根、白菜」など大きな単位の野菜は7日での消費を目指しましょう。「洗う」「切る」「ゆでる」「塩もみにする」の下処理を済ませてすぐに使える状態で保存すると、忙しいときにも便利です。ラップできっちり包むだけでも保存期間が延びます。

いつもと違う食感を楽しむ

大根使い切りレシピ

ピーラーで細切りにし、豚肉と鍋に

10cm長さに切ったあとタテ半分かタテ3等分にし、ピーラーでリボン状の細切りに。しゃぶしゃぶ用の豚肉と一緒に鍋にすると、たくさん食べられる。

太めの千切りにし、じっくり炒める

塩をふって中火でじっくり炒めると、甘みが出る。ホワイトソースと合わせてグラタンに。またはボウルに入れて同量の薄力粉と片栗粉に水少々を加え、桜えびを混ぜてフライパンで焼けばモチモチの大根もちに。

輪切りにし、大根ステーキに

1cm厚さの輪切りにし、厚手のフライパンに並べて少し塩をふる。フタをして中弱火で、いい焼き色がつくまで両面で5～6分焼き、仕上げにしょうゆ少々をからめる。

●ほうれん草・小松菜

3～4cm長さに切って保存袋に入れ、炒(いた)めもの、汁ものに。ゆでた場合は、2～3日で使い切る。野菜に含まれるシュウ酸が気になるなら、カルシウムの豊富な食材（卵、ごま、油揚げなど）と組み合わせること。卵とじやごま和(あ)えに。みそ汁に入れるなら油揚げと。

●いも類

夕食後の洗い物をしながら、さっと煮る習慣を。里いもは出汁(だし)＋しょうゆ＋みりんで、さつまいもは水と砂糖少々で。5分煮て火を止め、そのまま余熱でおくだけ。ごま和えにしたり、マヨネーズで和えてサラダに。つぶして焼いたり、スープに入れても。

余ってしまっている調味料、ありませんか？　新しいものは「3回以上使うか」を自問してから買うこと。買ったら放置せず、ネットでレシピを検索したり、徹底的に使う努力をしてみましょう。

味を知るために、豚のしょうが焼きにバルサミコ酢、みそ汁にコチュジャン、野菜炒めにナンプラーなど、作り慣れている料理にほんの少し加えてみる、という実験も有効です。また、原材料を読み解き、その特性を知れば応用もしやすくなります。

●粒マスタード

まろやかな辛みと酸味で料理の味を引き締める。酢の代わりに油と混ぜてドレッシング。同量のはちみつと混ぜ、チキンナゲットのハニーマスタードソース。同量のみそと混ぜ、肉・魚の漬け焼き。にんじんとツナのサラダにもおすすめ。

●豆板醤

豆板醤（トウバンジャン）の原材料は唐辛子とそら豆、塩のみ。唐辛子として使える。たたききゅうりに、しょうゆ＋ごま油＋少しの酢と一緒に和えてピリ辛漬けに。焼きそばの味のアクセントや、そのまま餃子（ギョーザ）のタレとして。切り干し大根を入れた台湾風オムレツとも好相性。

●オイスターソース

カキエキス入りの甘めのしょうゆと思うと使いやすい。味が物足りない炒めものや、炊き込みごはんに。大根とちくわの煮物など、出汁＋酒＋しょうゆ＋みりんのシンプルな煮物も、オイスターソースを少し加えるとコクが出る。

家庭の冷凍庫では、すぐに食品は霜だらけ。すると結局、大掃除で捨てることに……。

忘れるほどの長期保存をせず、冷凍庫は「冷蔵庫より少しだけ長持ちさせる」仮置き場だと考えると、使い忘れがぐんと減ります。

残りものをなんとなく冷凍せず、「ハンバーグのタネ→お弁当に」「魚の西京漬け→今晩使わなかったから、来週まで保存」「そぼろ→来週に使えるように」と、使う目的を明確にイメージして保存しましょう。

おいしい！

冷凍常備食材レシピ

塩糀チキン

【材料】鶏モモ肉……1枚分（300g）
塩糀……大さじ2

【作り方】鶏モモ肉は一口大に切り、塩糀をもみ込んで冷凍。塩糀の効果で肉が柔らかくなり、旨みが増す。1単位300gでストックすると使いやすい。

【メニュー】解凍してそのまま焼いて「鶏の塩糀焼き」。片栗粉をまぶして揚げて「から揚げ」。白菜、しいたけ、しょうがと一緒に「重ね煮」。トマト缶、米と一緒に炊き込んで「ごちそうチキンライス」。和・洋問わず展開できる。

鶏ときのこのトマト煮

【材料】塩糀チキン……1単位（300g）
しめじ、マッシュルーム、まいたけ……各1パック
ホールトマト缶……1缶
オリーブオイル……大さじ1
塩、こしょう……適量

【作り方】しめじとまいたけはほぐし、マッシュルームはタテ半分に切る。材料すべてを炊飯器に入れ、炊飯モードでスイッチを入れる。

※鍋で作る場合には、鍋にオリーブオイルを熱して鶏を焼き、きのこ類、トマト缶を加えて15分煮る。

●常備菜を冷凍する

ひじきの五目煮などの使い慣れた常備菜は、半分を冷凍庫へ。冷蔵庫で何日も置いて飽きるよりは冷凍保存し、あらためて食卓に出せば新鮮に楽しめる。あくまでも1～2週間の仮置きという意識で、忘れずに食べ切ること。

●乾物は長期、生鮮品は1カ月以内に

ゆずの皮・実山椒などの季節もの、コーヒー・お茶・海苔など、冷凍することで鮮度が保てる乾物類や市販の冷凍食品は、長期保存可能。作り置きや、まとめ買いして小分け冷凍した生鮮品は1カ月をメドに使い切る。

使い切りワザ 4

乾物類

　乾物は「日持ちする」と思いがちですが、それゆえ、気づいたら賞味期限切れ、ということも多いのでは？　乾物を「使えるようになりたい」という願望から、とりあえず買って、しまい込んだままという悩みもよく聞きます。

　せっかくの長期保存食材も、しまい込んだら持ち腐れになってしまいます。買ったらすぐに調理し、どんどん食卓に出しましょう。まとめて煮て小分けで冷凍するのもよいでしょう。毎日、少しずつ使えるコツをご紹介します。

●ひじき

含まれているヒ素を取り除く必要があるので、下処理を。たっぷりの水で戻して洗ったあと、酒としょうゆで薄味で煮ておくと、素材として使える。卵焼き、ほうれん草のごま和え、炊き込みごはん、ハンバーグの材料に。

●切り干し大根

「干し野菜」として活用。戻さず、そのまま、スープやみそ汁の具として。水で硬めに戻してサラダの素材に。酒としょうゆで薄めに味をつけて5分ほど煮て、オムレツの具に。ケチャップやソースで炒めても新鮮な味わいに。

●麩・高野豆腐

肉代わりに。油と合わせてコクを出せば、子どもも喜ぶ。車麩（くるまぶ）や高野豆腐（こうやどうふ）を水で戻し、酒、しょうゆ、砂糖、しょうがで下味をつけて、から揚げに。チャンプルーには、水の代わりに鶏ガラスープで戻すと旨みがアップ。

台所のムダをなくす3つのルール

1 「3日で食べ切る量」を買う

冷蔵庫は「長期保存庫」という考えを捨てる。まとめ買いする人は1週間分をメドに、冷蔵庫（短期保存）と冷凍庫（中期保存）を組み合わせて管理を。「便利かも」という曖昧な気持ちで買わず、使うアテのない買いだめはしない。

2 「使い道が3つ」浮かんだら買う

使い慣れない調味料や流行り（はやり）の食材は「本当に必要か」を考えて精査を。今後3回は使えそうか、なにを作れるかが具体的にイメージできてから買う。または、1回きりと割り切り、使い切りサイズで買っても。

3 「週に1度、冷蔵庫のそうじデー」を作る

冷蔵庫は週に1度、冷凍庫は月に1度、中身をチェック。あるものだけで料理する日を作る。制限があるなかで料理を作ることで、幅が広がる。作り置き、消費期限の近いものなどは「優先的に食べるもの」置き場を作り、可視化する。

お金が貯まる 片づけの黄金ルール

キレイな部屋とお金、同時に手に入れてみませんか？

臼井由妃

㈱健康プラザコーワ、㈲ドクターユキオフィス 代表取締役）
うすい ゆき●会社経営やコンサルティング、執筆、講演活動を行なっている。著書に『たった3行！ 心を添える一筆せん。』（現代書林）などがある。

お金と片づけの関係

「お金を貯めたいのに、なかなか貯まらない」というあなたは、お金の悩みだけでなく、家の片づけができない、という悩みも抱えてはいませんか？

これは、かつての私です。

「仕事が忙しい」「時間がない」を、片づけられないことの「言い訳」にしていました。

当然、探し物に多くの時間を費やし、あるべきモノを探せず、また購入してしまう。乱雑な部屋は、ストレスを呼び、衝動買いに走る……。

実は「貯蓄」と「片づけ」は密接な関係にあり、貯蓄が苦手な人は片づけも苦手で、貯蓄が得意な人は、片づけも得意というケースが多いのです。

私たちは、多くのモノに囲まれて暮らしています。そのほとんどは、本来なくてもいいモノです。試しに、あなたの目の届く範囲で「これがないと暮らしに困る」というモノが、どれだけあるかを確認してください。

するとほとんど「なくても困らないモノ」ばかりだということに、気づくはずです。

 イラスト：くどうのぞみ

ポイント4

集中的にここを整えれば、
いち早く効果が出ます！

1 スッキリお財布で お金を「休息」させよう♪

部屋の片づけが苦手だという人は、まず財布の片づけから始めるといいでしょう。

お財布はお金の「休息場所」ですから、紙幣や小銭、キャッシュカードやクレジットカードなどお金に類するモノがきちんと置かれているべきです。

しかし、レシートや期限切れのポイントカード、めったに使わないショップカードや診察券などで、お財布が膨(ふく)れあがっている人もいらっしゃるのではありませんか？

それらを見直すだけでも、お財布はスッキリ。お金や必要なカードが取り出しやすくなり、「もっと片づけたい」という気持ちも生まれます。

2 便利な通帳にまとめて “チョイ得”しよう

引っ越しや転職などの理由で使わなくなったまま眠っている口座は、誰しも持っているはずです。

そうやって長い間、取引がされていない「休眠口座」の総額は日本全体で800億円を超えるといわれています。

結婚前などに使っていた口座はもちろんのこと、使うあてのない口座は解約して、自宅や勤め先から近い金融機関の口座にまとめることを、おすすめします。

条件付きですが振り込み手数料が無料だったり、休日や夜間の引き出しでも、無料で扱う金融機関もありますから、吟味(ぎんみ)して使い勝手がいいところを選びましょう。

金利に期待できない時代なのですから、自分のお金を下ろすのにもお金を払うなんてもったいないです。

お金が貯まる片づけ

3 家計にも環境にも優しい洗剤をチョイス

あなたの家には、洗剤がいくつありますか？

トイレ用、フローリング用、お風呂用、食器洗い、洗濯洗剤、おしゃれ着洗い、柔軟剤、漂白剤、パイプ洗浄剤……数多あるはずです。そんなに多くの洗剤が必要でしょうか？

数回使っただけでしまい込んだり、購入したことすら忘れているモノもあるはずです。

極端な話、大概の汚れは重曹とクエン酸、石鹸があれば落とせます。洗剤も必要なモノにしぼれば、家計に優しく環境にも優しくなります。

4 健康と美容を意識すれば、自然と節約に

毎日、たくさん買い物をしたり、多くのおかずを食卓に並べたり、ご馳走を作る必要はありません。

健康と美容のためにも、肉はほどほどに、野菜たっぷりの食事をするのが好ましいでしょう。また主食を玄米にすれば、咀嚼する回数が増えて食べる量が減り、家計と身体のダイエットになるだけでなく、認知症予防にも繋がります。

煮物や和え物など和食のお惣菜は作るのも簡単ですし、玄米は多めに炊いて冷凍保存しておけば、自ずと光熱費の節約にもなります。

しよう！

片づけた後は、「お金とは何か？」を
見つめてみましょう。
その効果は……絶大です！

「お金がない」

「お金はある」

「お金がない」というのは、事実ではなく「口ぐせ」になっていることがほとんどです。

失業中や病気の方などは別として、会社勤めをしてお給料を頂いている人にとっては、本当の意味で「お金がない」という状態は、実際にはあまりないものです。

「お金がない」のではなく、身(み)の丈(たけ)に合わない欲望をたくさん抱え込んでいることに、気づきましょう。

「お金を払う」

「お金を贈る」

お金を貯めたいからといって、支払いを渋る。もしくは、嫌々お金を払う、という態度でいるとお金との縁は薄れていきます。

支払うときには笑顔で、お札ならば顔を相手に向けてしわを伸ばし、丁寧に渡しましょう。

そうやって支払うと、きっと自分のためだけに使ったのではなく、社会のためにも役立ったという意識になり、お金をより大切に扱うようになります。

お金への意識をチェンジ

「お金は人を変える」

「お金は人を変えない」

「お金は人を変える」と言われますが、それは嘘に等しいと言えます。

お金持ちになると浪費をする人もいますが、それはお金を持つようになって変わったわけではなく、もともと浪費家の傾向があった人のところにお金が入ってきたので、その性格が加速しただけなのです。

身の丈に合った「気持ち」を伝えるためにお金を使う。そんなあなたならば、心配することはありません。

「安いから買う」

「必要だから買う」

買い物をする際には、価格ではなく、そのモノがいまの自分に必要なのかどうか、という視点を持ちましょう。

そのモノの「価値」を重視してお金を使う習慣を身につけることが大切です。

お金が貯まる人は、「使わないモノはいらないから購入しない」「どんなに安くても買わない」「あげると言われても、受け取らない」というようなルールを持っているものです。

片づけると貯まるワケ

収納にかけるお金や時間が節約できる

多くのモノを収納するには、広い部屋や収納家具が必要になりお金がかかりますし、片づけるのにも、手間や時間がかかります。

しかしきちんと片づければ、そうした余計な労力やストレスから解放されるだけでなく、むやみに買い物をすることもなくなり、お金が貯まりやすくなります。

「捨てる罪悪感」が衝動買いをなくす特効薬になる

片づけるとは整理すること。整理とは「捨てる」ことを意味します。

捨てるときには誰しも罪悪感を覚えます。すると、「今後は不要なモノは買わない」と思えますし、「欲しい」から買うのではなく「必要だから買う」という買い物のルールが明確になり、自然とムダづかいがなくなります。

お気に入りのモノを長く使うことで節約になる

自分のライフスタイルに合ったお気に入りのモノを購入するようにすれば、お手入れをきちんと行ない長く愛用することになります。初期投資は高額であったとしても、結果的に節約につながるので、そうした暮らしは、モノにもお財布にも優しいのです。

ビンボーループから抜け出す

「損したくない！」を捨てる技術

「損」を避けたいという気持ちが、
実は「さらなる損」を引き寄せているのです。

大江英樹
（経済コラムニスト）
おおえ ひでき●野村證券に38年間勤め、そのうち25年間は個人の投資相談業務に従事。2012年、株式会社オフィス・リベルタスを設立。行動経済学の研究から、その問題点や解決法に切り込む講演やセミナーが好評。著書に『定年男子定年女子45歳から始める「金持ち老後」入門！』（共著、日経BP社）、『教科書にないお金の増やし方・守り方』（大和書房）など。

誰だって得をすればうれしいし、損をすれば悔しく思います。「損した！」となれば、たとえ100円でも心穏やかではいられません。行動経済学の中心的な理論のひとつであるプロスペクト理論では、〝損〟の苦しみは〝得〟の喜びの2倍以上といいます。

しかし、「損したくない」と思うあまり、目先の数字や宣伝文句に惑わされ、実は損をしているということが少なくありません。日々の暮らしの中で陥りがちな思考の罠を行動経済学の視点で見つけ出し、「節約しているのにお金が貯まらない！」という負のループから抜け出しましょう。

 取材・文：社納葉子　イラスト：SUITA

「えっ、半値以下?
買わなきゃ
損じゃない!」

☑の人は➡P.65へ

「ポイントカードが
あるから、こっちの
お店で買おう!」

☑の人は➡P.66へ

ショック! 損を引き寄せる行動

「あと1,000円で
送料タダになるから、
何買おうかな?」

☑の人は➡P.67へ

「これだけ保険に
入っていたら、
何があっても安心!」

☑の人は➡P.68へ

さらば！ ビンボーループ❶

「値札」につられない

スーパーの果物売り場でマンゴーが山盛りにされ、「1個400円、3個で1000円！」と、店員が威勢よく掛け声をしています。買い物客が足を止め、「3個ちょうだい」「私も」と、次々と買い物カゴに入れています。こんな光景を目にしたら、思わず足を止めてしまうのが人情でしょう。

でも、ちょっと待ってください。マンゴーが大好きだとか、家族全員がマンゴー好きというなら、お得な買い物になります。しかし、ここで大事なのは「本当に3個も要るのか」ということ。「1個買うより3個のほうが絶対お得」と、つい値札につられて買うかどうかを判断しがちです。しかし、まとめ買いをして得したつもりでも、結局、冷蔵庫に入れたまま忘れてしまい、腐らせてしまったということもありがちではないでしょうか。

人間は最初に示された数字に強い影響を受けてしまう傾向があり、これを行動経済学では**「アンカリング効果」**といいます。アンカー（船の錨）が語源で、錨を降ろした船が繋がれた範囲でしか動けないように、提示された数値や情報が印象に残って基準点となり、判断に影響を及ぼしてしまうのです。

ですから、マンゴーを3個買うことが本来の目的でなければ、たとえ割高に思えても、1個400円で買って新鮮なうちに食べるほうがおいしいですし、ムダな出費も抑えられます。

見直しポイント！

価格が品質に見合っているかを見極めたり、あらかじめ市場価格を調べておくことがムダな出費を抑えてくれます。

さらば！ ビンボーループ❷

「ポイント貧乏」から脱却する

たとえば、家電量販店で10万円の冷蔵庫を買う場合、10%の「ポイント還元」か「現金割引」、どちらを選びますか？

どちらも同じ「1万円」を得したイメージを持つのではないでしょうか。

しかし、ポイント還元だと、1万円分のポイントはその店（またはチェーン店）でしか使用できませんし、さらにそのポイントで1万円の家電を買ったとすると、合計11万円の品物を10万円で買うことになるので、値引き割合は1万円÷11万円で、9.1%となります。

一方、現金値引きなら文字通り10%＝1万円が引かれ、9万円で購入したことになり、その1万円を貯金に回すこともできます。同じ比率なら現金値引きのほうがお得なのに、ポイントに魅力を感じてしまう人が多いのには次の二つの理由があります。

一つは、**「ヒューリスティック」**＝心の錯覚（さっかく）です。複雑な計算をそれまでの自分の経験と照らし合わせて単純化しようとする心の動きです。きちんと計算すればわかるはずなのに、「同じ10%割引」という意識が定着してしまうのです。

もう一つの理由は**「保有効果」**です。人は自分の持っているものを高く評価する傾向があり、いったん手に入れたものは、手放したくなくなるのです。したがって「もっとポイントを貯めたい」という心理が強く働き、その結果、誤った選択をしてしまうわけです。

見直しポイント！

ポイントはあくまでもオマケと考えて、目的にしないほうが賢明。貯めるために「あと〇〇円」と買い物するのは本末転倒です。

さらば！ ビンボーループ❸

「無料」に惑わされない

「2000円以上のお買い物で、1時間300円の駐車料金が無料になります」。ショッピングモールなどでよく見かけるサービスです。

さて、あなたが買い物の支払いをすませてレシートの合計金額が1500円だったとします。「あと500円で駐車料金が無料になるのに……」と、駐車料金を払うことを「損」に感じたことはありませんか？ 駐車料金がもったいないからと、追加で500円以上の買い物をした人もいるでしょう。

しかし、考えてみてください。駐車料金を払っても合計1800円。「無料」という仕掛けに惑わされてはいけません。物事を選ぶ際の基準が状況によって変わると、好みの順序が変わってしまう現象、これを**「選好の逆転」**といいます。

無料サービスは売り手の戦略であり、裏側には必ず意図があります。なぜ無料なのか、売り手の立場になって考えてみる冷静さが必要です。

たとえば、通信販売で「5000円以上で送料無料」と書かれていたら、まるで売り手が送料を負担してくれている印象を受けますが、実はその商品は、送料も含めて価格設定がされている。つまり自分で送料を払っているのです。「無料」という言葉に惑わされ、結果として余分な買い物をさせられてしまうのは、「価格ゼロ」が興奮して不合理な感情を生み出してしまう起爆装置だからです。

見直しポイント！

エステなどの「無料体験」は入口が無料でも、割高なサービスや商品を購入させられることも。「タダ」より怖いものはありません。

さらば！ ビンボーループ❹

「保険に入れば安心」はウソ!?

「高まるリスクに備えて保険に入りましょう」というのは保険会社の常套句。保険は「滅多に起こらない（低リスク）けれど、もし起こったら自分のお金ではまかなえないこと」に対し、備えるもの。「高まるリスクに備える保険」というのは、論理矛盾です。

公的医療制度が発達している日本では「高額療養費制度」という仕組みがあり、1カ月の自己負担額の上限が定められ、一定額を超えた分は払い戻されます。また、医療保険のメインは入院保障で、健康保険ではまかなえない差額ベッド料や病院までのタクシー代などをまかなうもの。だったら貯金で十分なはずなのに、貯金を取り崩すと「自分のお金が減る」感覚になるわけです。

一方、保険は「下りる」と表現されるように、保険会社が払ってくれるイメージがあります。しかし実際にはあなたがコツコツと払い込んできた保険料＝お金です。このようにお金の出どこが同じでも、表現を換えることで別の誰かからもらったお金のように感じることがあります。行動経済学では、**「メンタルアカウンティング」**といって、誰もが陥りがちな心の罠の一つといえます。

保険に入ったほうがいいのは、妻が専業主婦で子どもがまだ小さいときの夫の生命保険。そして自動車保険等は入るべきです。自分の生活環境や年齢に応じて保険を柔軟に見直し、貯金を備えの中心にすることをおすすめします。

見直しポイント！

わずかな節約をするより、「安心料」として何十年も払い続けている保険料を見直したほうがお得になるかも！

「ワンアクション」で
金運を引き寄せ♪

魔法のお片づけ習慣

林 秀靜（中国命理学研究家）

りん しゅうせい●風水学をはじめ中国相法、八字、紫微斗数など幅広く修得。著書に『ちょっとめんどくさい人生相談をすべて風水で解決してみました。』（永岡書店）など。

風水では「富貴（ふうき）の家は聚気（じゅき）の家」と言われます。これは、「お金持ちの家は、気が集まる家である」という意味。つまり金運アップのためには、いかに家の中に気を取り込むかが重要となるのです。

良い気を呼び込むには、家の中を「清潔にする」「整理整頓する」ことが欠かせません。これらは皆さんも日ごろの片づけで実践されていることでしょう。しかし、風水で大切なポイントを見逃している人も意外と多いのです。せっかく片づけをするなら、ポイントを押さえて金運を呼び込みたいですよね。特に気をつけたいことをアクション別にご紹介しましょう。

 取材・文：田中瑛子　イラスト：ナカニシ・マナティー

お片づけ前の

運気UPアクション

お片づけをしなければならないのに、なんとなく気持ちが
乗らない……そんなときは、まず自分自身に良い気を取り込む
ウォーミングアップをしてみましょう。
やる気がみなぎって楽しくお片づけが始められるはずです。

アクション 1 窓を開けて新鮮な空気を流す

部屋の中には古い気が充満しています。ベランダとその反対側の窓を開けて、風が通るようにしましょう。新鮮な空気が入ってきたら、深呼吸して良い気を体いっぱいに取り込みます。

アクション 2 準備体操で「血」を巡らせる

続いて、伸びをしたり肩を回したりといった軽い準備体操を行ないましょう。体中の「血」の巡りが良くなって運気アップにつながります。

アクション 3 にっこり笑顔で徳を積む

顔の筋肉をマッサージでほぐし、片づけ中はにっこり笑顔を心掛(こころが)けて。福の神のような笑顔でいると「徳」を積むことができ、金運がアップします。

捨てる・取り除く

**知らず知らずのうちにたまっていく「もの」は、
存在するだけで金運を下げてしまう場合があります。
まずはそれを取り除くことから始めましょう。**

これが不要! 玄関の傘（かさ）

➡ 家族の人数分だけ置く

玄関はすべての運が入ってくる入口です。なるべく余計なものは置かずにスッキリさせておきましょう。ごちゃごちゃと玄関にたまりやすいものの代表格が傘。家族の人数分以上の傘は処分するようにしましょう。

これが不要! トイレ掃除用の雑巾（ぞうきん）

➡ 使い捨てで持つのが正解

家の中で最も汚れた気が集まるのがトイレ。ここを掃除すれば、金運と健康運がアップします。しかしトイレ掃除に使用した雑巾を再利用すると、せっかく取り除いた悪い気が家に戻ってきてしまいます。トイレ掃除には使い捨ての雑巾や掃除シートなどを利用しましょう。

これが不要! 家中のホコリ

➡ たまる前に掃除する

天井や床はもちろん、棚やテレビ台の裏にすぐたまってしまうホコリ。これらは日々の生活で生じる「小さな悩み」を象徴しています。何日もそのままにしていると心のもやもやがたまり、社交運や金運の低下を招きます。毎日体を動かして掃除すれば、心も晴ればれするはずです。

拭く・磨く

悪い気が充満しやすい場所や運気アップに重要な場所は、表面的な汚れを落とすだけでは不十分。ていねいに拭いたり磨いたりすることでさらなる金運アップが期待できます。

ここを磨く! 便器

➡ 顔が映るくらいピカピカに

汚れた気がこびりついているトイレの便器は、ブラシなどを使って顔が映るほどピカピカに磨きましょう。毎日続ければ謙虚(けんきょ)な気持ちが身につき、仕事運もアップします。また便器からは、ばい菌を含んだ汚れた気が蒸発しているので、使用後は必ずふたを閉めましょう。

ここを磨く! 玄関のたたき

➡ 掃くだけでなく水拭きを

玄関は良い気と同時に悪い気が持ち込まれる場所でもあります。「たたき」はほうきで掃くだけでは悪い気を祓(はら)い切れないので、週に1回は雑巾で水拭きして浄化しましょう。玄関ドアの桟(さん)なども汚れがたまりやすいので、細かい部分までチェックしてピカピカに。

ここを磨く! ガスコンロ

➡ 油汚れは残さない

キッチンは健康運と深く関わる場所。健康でさえあれば元気に働いてお金を稼(かせ)げるので、金運アップにも外せないポイントです。キッチンの中でもコンロは「胃腸の健康」を示しています。料理後の油汚れなどはすぐに拭き取ってさっぱりさせましょう。

しまう・整える

**風水では清潔さと同時に「見た目」も大切。
出しっぱなしのものをしまい、ぐちゃぐちゃになっているものを
整えるだけで運気がぐんとアップします。**

これをしまう! 包丁

➡ すぐに洗ってシンク下に

包丁は風水で「金」の性質を持っています。包丁を「火」の性質を持つコンロのそばに置くと「火」が「金」を溶かすため金運が下がってしまいます。包丁を使った後は、すぐに洗ってシンク下などにしまうようにしましょう。

これをしまう! 化粧品

➡ ドレッサーには、今使うものだけを

ドレッサーは化粧品やアクセサリーといった女性の個人的な持ち物を置く場所。ここをきちんと整えると「おこづかい運」アップにつながります。出しっぱなしの化粧品は見えない場所に収納し、古い化粧品や試供品は定期的に処分しましょう。

これをしまう! 玄関の靴

➡ つま先を手前に向けて収納

運気の入り口である玄関は、特に見た目を美しく整えておきたい場所です。靴は出しっぱなしにせず、つま先を手前に向けて収納しましょう。また、下駄箱(げたばこ)は臭(にお)いやよどんだ空気がたまりやすいので、月に一度は水拭きを。

交換する・置く

日用品の中には、一見汚れが目立たなくても
悪い気がたまっているものがあります。こまめに交換したり、
明るく快適な空間にすることで、運気がアップします。

これを換える！ トイレのタオル・便座カバー

➡ タオルは毎日取り換えが理想

トイレのタオルや便座カバーは見た目以上に汚れた気や雑菌を含んでいます。タオルは毎日、便座カバーも週に一度は取り換えましょう。

これを換える！ 玄関マット

➡ マットは運気のフィルター

玄関マットには外から持ち込まれた汚れや悪い気を落とし、良い気だけを通すフィルターのような働きがあります。汚れていると効果が下がるのでこまめに洗濯して清潔に。できれば玄関の外にもマットを敷（し）くとよいでしょう。

これを換える！ 電球

➡ 玄関とトイレは明るく

「陽」のエリアである玄関が暗いと、良い気が出て行ってしまいます。太陽光を採（と）り入れたり、光度の高い照明を使ったりして明るい空間にしましょう。また、汚濁（おだく）した気がたまりやすいトイレは、明るい照明やインテリアにすることで、気の流れが良くなります。

お坊さまに学ぶ

「掃除は面倒」の吹き飛ばし方

部屋がきれいになれば、こころはすっきりするのに、なぜ、掃除を面倒に感じてしまうのでしょうか。その理由と対処法を禅の教えに学びましょう。

掃除は本来、つらいものではありません

多くの方が、掃除や片付けは面倒でつらくて大変なものという印象をお持ちではないでしょうか。確かに、目の前に片付かずにホコリまみれの惨状があるのであれば、そんな気持ちも湧いてくることでしょう。

あまつさえ、片付けられないことを、忙しさや周囲の環境のせいにして、言いわけじみた日常を送っているかも知れません。実は、そんな生活とは対極にある生活を日々送る場所があります。世界屈指の禅道場、曹洞宗大本山永平寺がそうです。

永平寺では、一日の大半を作務と呼ばれる掃除や片付けに費やしていて、坐禅や読経などと並んで大切な修行と位置づけられています。これは、一挙手一投足全ての行ないが仏道修行となるということが前提にあって、「今この瞬間の自己の事実と向き合い、頭で勝手に作り上げた自己中心的な〝わたしの思い〟を手放す」禅の実践として掃除が行なわれます。冒頭の話で言えば、こころが勝手に作り出した「面倒くささ」や「大変さ」を感じる自己の在りようを見つめ、静かなこころ持ちで掃除を遂行していくことに他なりません。

掃除方法の工夫も大切ですが、掃除と向き合うこころの在り方も大切にしてみませんか？

吉村昇洋
（曹洞宗八屋山普門寺 副住職）
よしむら　しょうよう●1977年、広島県生まれ。相愛大学非常勤講師。現在、広島県内の病院にて臨床心理士としての活動もしている。著書に『心が疲れたらお粥を食べなさい』（幻冬舎）などがある。

掃除が面倒でなくなる禅の言葉1

威儀即仏法、作法是宗旨

（自分の立ち居振舞いを見つめ直す）

厳しい修行イメージのある禅宗。ですので、滝に打たれたり、火の上を歩いたりする荒行や難行が想像されがちですが、禅にそうした修行は存在しません。

禅の立場では、威儀、つまり「人に崇敬の念を起こさせるような立ち居振舞いにこそ、仏法がそのまま表現されており（威儀即仏法）、そのような仏法にかなった実践をすることが禅の道なのである（作法是宗旨）」と考えます。要は、自分の行ないの全て、例えば、顔を洗う、食事をする、歩く、坐る、用便を足す、お風呂に入る、もちろん掃除や片付けもそうですが、行為の一つひとつの中に〝今ここの自己〟が剥き出しになるということです。ちょっと片付ければ済むところを、面倒くさくてなおざりにしてしまうことがあれば、そんなことすらできない自己と出会うのです。その上で、あえて丁寧にことを行なっていけば、丁寧から始まる好循環の輪に自己を置くことができるでしょう。

freeangle/PIXTA

掃除が面倒でなくなる **禅の言葉2**

也太奇（やたいき）

（小さな感動は、視点の転換から）

中国の禅僧たちの問答を読んでいると、この言葉をよく見かけます。これは、「大変奇妙だ、不思議だ」という意味で、驚きや感動を表す「あっ！」とか「おぉ！」といった感嘆（かんたん）の声を指しています。

どうでしょう。皆さんは、こうした声を最近あげているでしょうか？　子どもの頃ですと、見るもの触れるもの全てが新鮮で、感動から声がよく出ていたように思いますが、大人になるにつれてその頻度（ひんど）は少なくなっているように感じます。ですが、実際はちょっとしたことに感動は隠れています。小さな発見や気づき、それらと親しくなるには、視点を変えることが一番。象徴的な意味合いだけでなく、物理的にいつもの視点を変えてみる。例えば、いつもなら掃除機やモップがけをしているところを、姿勢を低くして雑巾がけをしてみる。たったそれだけで、意外と見えていなかった世界に気づき、思わず「也太奇！」と叫んでしまうかも‼

JYP/PIXTA

掃除が面倒でなくなる 禅の言葉3

洗心（せんしん）

（自己の弱さを洗い流す）

自分のしたことで何か問題が起こると、こころは決まって自分を守ります。その問題が大きかろうが小さかろうが関係なく、自分が傷つかないように自動的にこころが反応するのです。「やばい、やばい」と感じつつ、頭の中は言いわけでいっぱいです。

こうした過保護な「こころ」を「洗う」ことを意識しながら生活することこそ、禅の生き方と言えます。一挙手一投足を通して今ここにいる自己と向き合い、知らない間にこびりついている甘えや迷いや執着（しゅうちゃく）に気づいては、それらを手放します。それでも知らぬ間にこころに塵（ちり）や埃（ほこり）が付着するので、ずっと手放し続けなければなりません。

まずは、あなた自身の弱さとしっかりと向き合い、〝言いわけ〟をせずに受け止めることから始めましょう。すると、今までとらわれていた、こころの汚れに気づくはずです。あとはそれを手放して、日常をしっかりと丁寧に歩めば良いだけです。

掃除が面倒でなくなる **禅の言葉4**

平常心是道

（どんなこともおろそかにしないこころがけ）

唐末の禅僧趙州従諗が、師の南泉普願に「仏道とはどんなものでしょうか？」と問うたときの返答がこの言葉。一般的に「平常心」というと、いつも通りのこころの状態を表しますが、ここでは「普段のこころがけ」といったニュアンスになります。また、「道」というのは、まさに「仏道」のことですから、「普段の生活の中で、どんなこともおろそかにしないこころがけが、そのまま仏の道である」ということができるでしょう。

「本当にそんなことが仏の道なのか？」と思われるかも知れませんが、そういう方にこそ、実践してみて欲しいのです。

どんなことも、おろそかにしない。たったそれだけのことなのに「言うは易く、行なうは難し」なのです。最初は丁寧にやっていても、段々雑になる。思い直してまた丁寧に行なう。

部屋の掃除や片付けを通して、仏の道に触れてみられてはいかがでしょう。

「嫌われたくない」
「一人は寂しい」に
縛られていませんか？

ストレスを一掃！

「いい人」をやめて人間関係をスッキリ！

□人から嫌われるのが怖い
□つい「愛想笑い」をしてしまう
□一人でランチができない
□友だちのお茶の誘いを断れない

午堂登紀雄（株式会社エデュビジョン 代表取締役）
ごどう ときお●1971年、岡山県生まれ。米国公認会計士（US.CPA）。『資産5億円を築いた私のお金が増える健康習慣』（アスペクト）など著書多数。

「いい人」、やめてみませんか？

上の項目が一つでも当てはまった「いい人」なあなたには、ストレスを抱え、つまらない人生を歩むリスクがあります。

僕が考える「いい人」とは、他人に嫌われないよう、みんなから好かれるように行動する人です。もちろん、嫌われたくない、という気持ちはわかりますが、それが強すぎると自分の気持ちをないがしろにして、「どうすれば嫌われないか」を優先して生きていくことになります。

もしあなたが思いやりを大事にしながら、目の前の人と本音でぶつかれば、離れていく人もいるかもしれませんが、もっと別の居心地のよい人間関係を築けます。「しっかりした自己」を確立できれば、他人の不機嫌に振り回されることもなく、快適な日々を過ごすことができるでしょう。

構成・文：編集部　イラスト：林 ユミ

「気を悪くするんじゃ……」を片づけるために

鉄板フレーズで「お誘い」を断る！

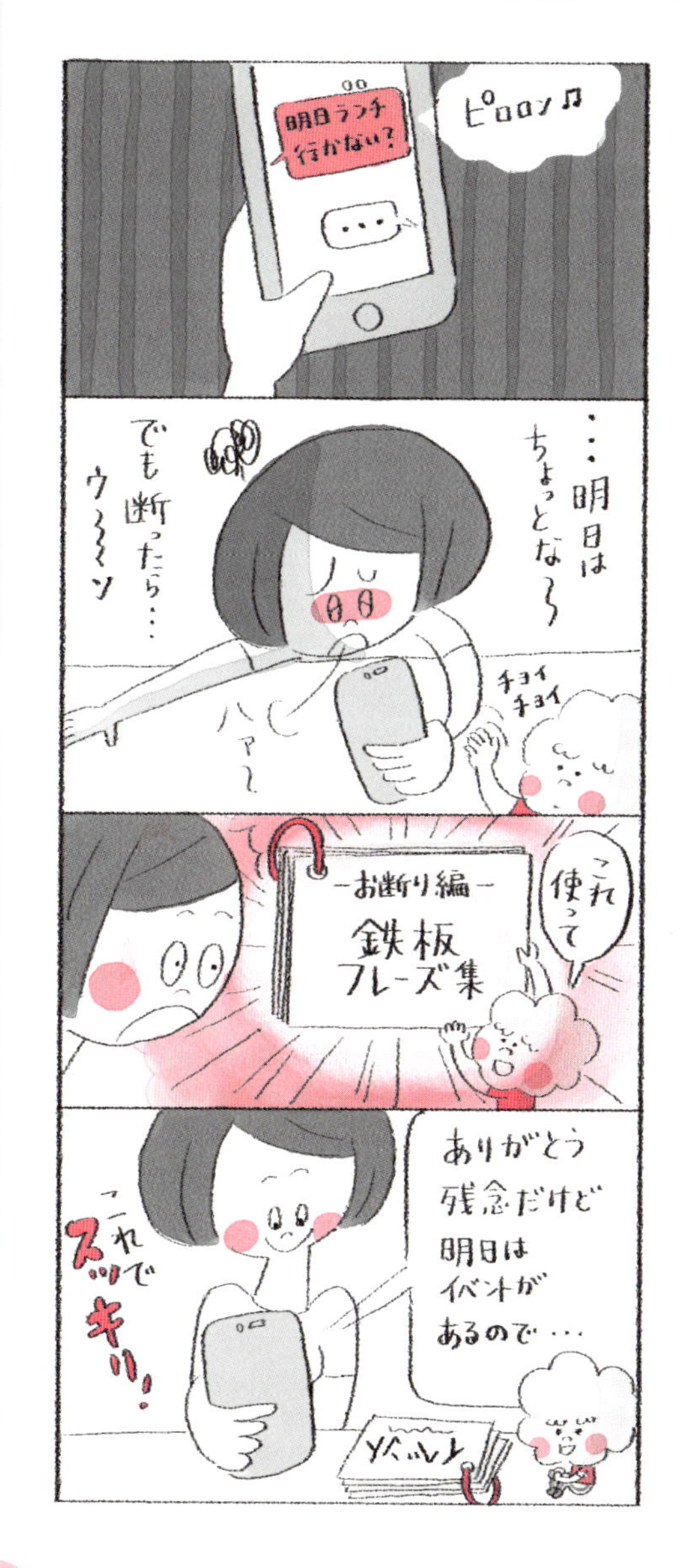

「せっかく誘ってくれたのに」「次から誘ってくれないかも」「気を悪くするんじゃないかしら」などと考える必要はありません。

気が進まないのに参加してしまうと、あなたの大切な人生の一部を他人に捧げることになります。そして、その見返りは何もありません。それどころかお金までも失うことになります。反対に、誘いを断る行為は、自分自身を大切にすることにつながります。

断るためにはあらかじめ「断りの鉄板フレーズ」を用意しておくことです。お子さんがいる方は「送り迎え」「勉強を見る」「イベント」などがいいでしょう。とにかく忘れてはいけないポイントは、**「相手には確認のしようがないこと」と「強制のしようがないこと」を断り文句にする**ことです。

「一人ぼっちはイヤ」を片づけるために

「思い込み」を捨てる！

「いい人」は一人でいることを極度に恐れます。しかし、実際のところは一人でいることよりも、「一人でいるところを見られる」ことが恐怖なのです。

ところが、これは本人の思い込みにすぎません。例えば、一人で焼き肉屋や居酒屋に行っても、**周りにいるのは見ず知らずの他人です。交流するわけではないし、店を出たら顔はもちろん、存在すら忘れています。**

友人に一人でいるところを見られたくない？　それも心配ありません。なぜなら、そんなことで大げさに騒ぐ人は、底の浅い、あなたの幸せになんら寄与しない人だからです。

そして、一人で考え、過ごした時間は、「他人の機嫌に振り回されない強い心」を育ててくれるのです。

「ママ友とうまく付き合わなきゃ」を片づけるために

ネットと自治体を活用する！

そもそも、**PTAや保護者会も子どものためのもの。うまく立ち回ろうと、必要以上に気を揉む(も)ことはありません。**

ママ友との付き合いがなくなると、自分の時間が手に入るという意味ではプラスですし、お金も節約できます(もちろん、本当に気の合う人がいれば仲良くすればいいのです)。

情報の面でも大丈夫。ネットを活用したり、自治体主催のママ向けイベントに参加すればいいのです。

子どもがいじめられる？ そもそも子どもは親など関係なく、一緒に遊んで楽しいかで判断しますから心配いりません。仮に親が「あの子と遊んじゃダメ」などと子どもに吹き込んでわが子がいじめに遭(あ)ったとしたら、それはもう学校側と協議するレベルの話です。

「みんなから好かれなきゃ」を片づけるために

八方美人をあきらめる

「いい人」には「人から嫌われるのが死ぬほど怖い」「みんなから好かれないと自分の価値はない」という勝手な思い込みがあります。

しかし、芸能人を見るとわかるように、**個性も魅力も兼ね備えた人にはファンもいるいっぽうで必ずと言っていいほどアンチがいるもの。**なかには「完璧すぎて嫌い」と妬まれる人もいるくらいです。

そしてじつは、嫌われるより恐ろしいことがあるのです。それは、周りに合わせて自分の主張をしない人にありがちなのですが、「あの人のことは好きでも嫌いでもない。いてもいなくてもどっちでもいい」と存在を認めてもらえず軽んじられ、悪気もなくスルーされてしまうことです。

「自分さえガマンすれば」を片づけるために

ときどき ケンカをする

「ケンカをしましょう」といっても、自分の不満を強引に押しつけたり、感情的になって相手をののしったりすることではありません。**お互いがより良い関係を築くために、自分の要求を伝え、双方の違いにどう折り合いをつけるか、どう修正できるかを相談することです。**

長年連れ添った夫婦でも、価値観や性格が違うのは当たり前。だから、その違いを認めたり解消する機会を定期的にもちましょう、ということなのです。

「いい人」は他人との摩擦を恐れ、不満をためこむことで、かえって冷え切った関係になってしまうことも少なくありません。自分の考えや感じ方を大切にするためにも定期的な「ケンカ」は大切なのです。

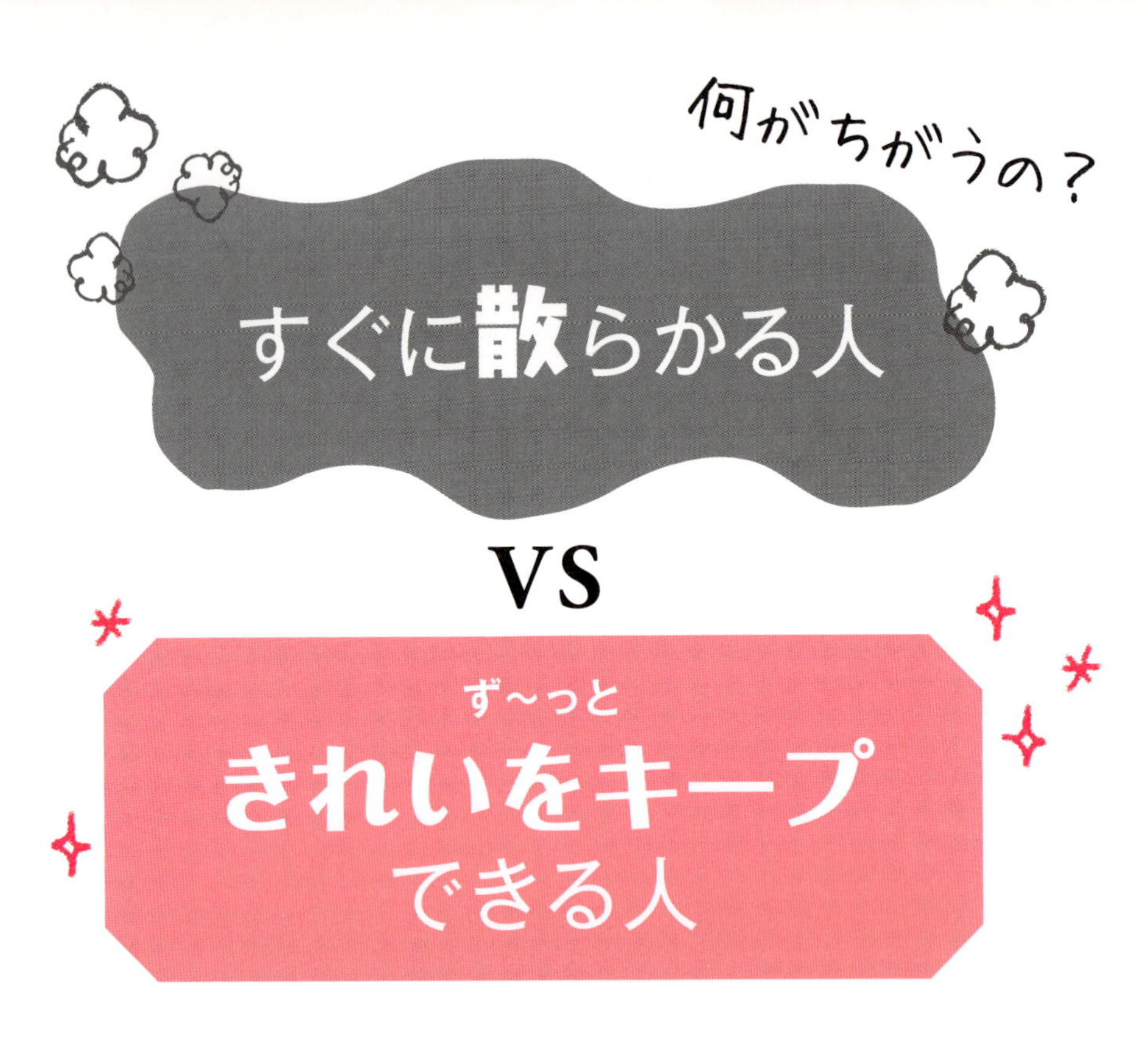

片づけてもすぐに散らかってしまう人が、
ず〜っときれいを維持できる人に変わる方法とは？

片づけた部屋が再び散らからない絶対条件は、家にあるモノの絶対量が少ないことです。片づいた状態をキープできる人はモノの絶対量が少ないので、部屋の整理もしやすくなり、いつもきれいな状態でいられるのです。

たとえ新しいモノを買ったとしても、古いモノを同時に捨てられ

和田秀樹
（精神科医）
わだ　ひでき●東京大学医学部卒。国際医療福祉大学大学院教授（臨床心理学）。一橋大学経済学部非常勤講師。心理学や教育分野を中心に、各メディアでも活躍中。著書に『溜め込まない技術』（大和出版）など多数。

るので、モノの絶対量は増えません。捨てるときも「これは必要があれば手に入るモノだから処分しよう」と判断がつけられます。

〝モノをためない、捨てられる〟体質が、ず～っときれいな部屋をキープできる人の最大の特徴といえます。

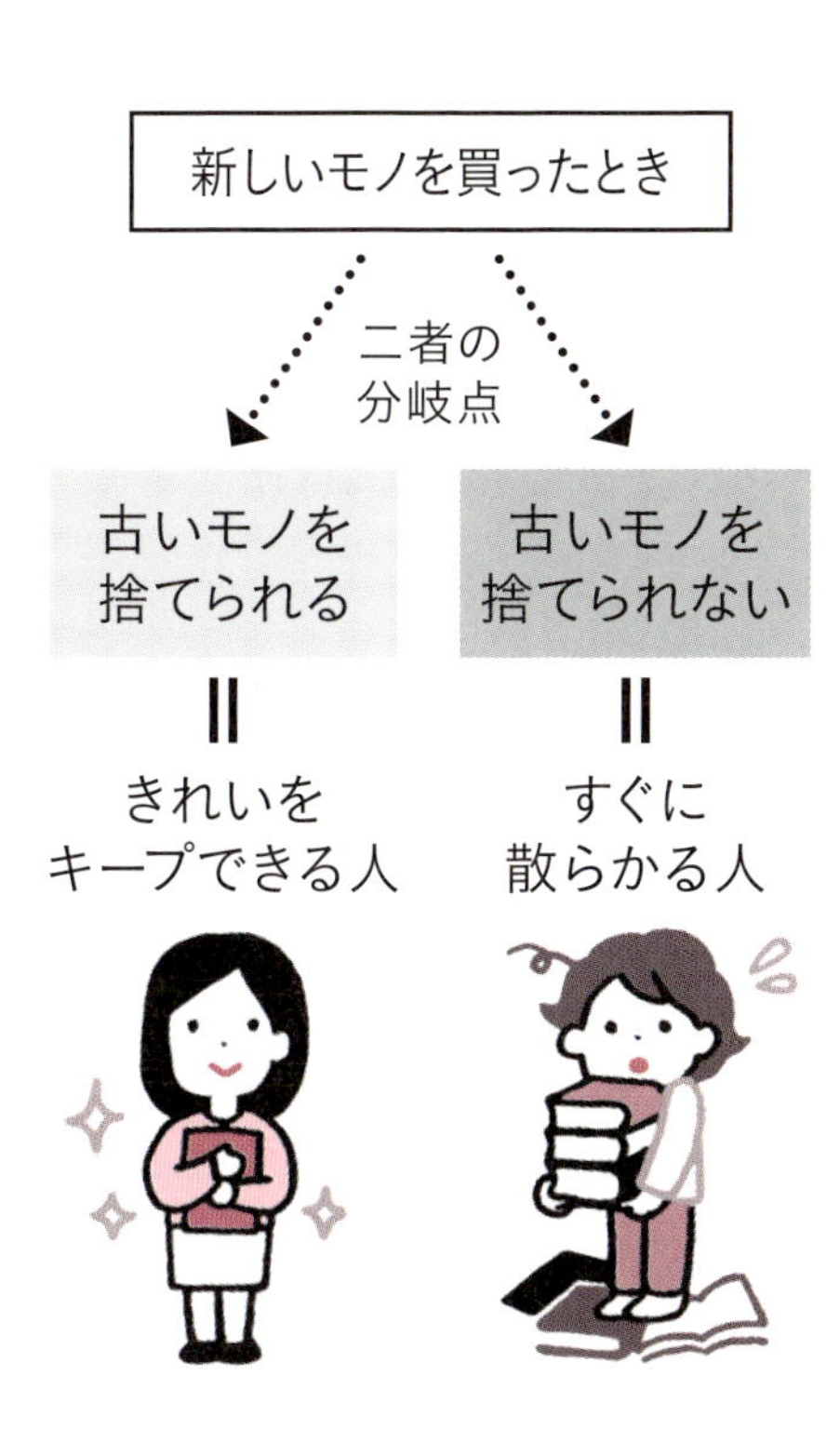

「モノをためてしまう、捨てられない」心理が原因

反対にすぐに散らかる人は、注意欠陥・多動性障害（ＡＤＨＤ）の可能性もあります。片づける集中力が続かないのです。しかし大多数の散らかる人の特徴は、きれいをキープできる人の反対で、持っているモノの量が多いこと。そして「惜しくて捨てられない」「モノをどんどんためてしまう」という心理傾向があるといえます。

私の友人で漫画雑誌を集め続ける収集癖の人がいます。彼はトランクルームを借りて、居住スペース以外で収集しています。このように片づいた部屋に住み、モノの場所は別に借りる方法もいいのですが、今度は借りた場所がモノであふれてしまうケースもあるでしょう。賃料のことも考えると手に入らないモノ以外は処分し、必要なときに新しいモノを買う方が理にかなっているのではないでしょうか。

知らずにモノをため込むのはなぜ?

ではなぜ、モノをため続けてしまう心理になるのでしょうか。

理由1

そもそも「ためる」心理は、人間の持つ生存への本能

元来人間は冬眠する動物のように身体にエサをため込めないので、蔵を作って食物を貯蔵するなどの方法をとってきました。脳に入り切らない情報は、書物にして残すのもその知恵のひとつ。人類として極めて自然な本能ですから、「ついついたくさんため込んでしまう」性格にコンプレックスを持つ必要はありません。心身にしみついている本能なのですから。

しかしそんな人は「もう時代は変わった」ことを意識するべきです。モノが貴重で値段も高かった私の祖母の時代では、女性が持てる靴は三足程度があたりまえでした。ドラマで見る時代劇の部屋がすっきりしているのは、モノ自体がなかったせいです。外国人観光客の「爆買い」が話題となりましたが、あれもいままでモノがなかった環境の反動でしょう。

理由2

いまの日本はデフレでモノが安くありあまっている

ファストファッションがあふれ、「白と黒、おそろいで買っておこう」と気軽にたくさん手に入れられる時代です。この「モノあまりの時代」に、ため続ける本能に任せたままでいると、片づけてもたちまちモノであふれて散らかるのは当然なのです。

何か必要になったら街の至る所にあるコンビニエンスストアで買え、ネットでも取り寄せられる時代。「また買えるモノかどうか」を基準にモノを少なくし、新しい時代に「適応する」意識改革がきれいをキープする新条件といえるでしょう。

「ず～っときれい」への変身プロセス

❶達人に学ぶ「トライアル精神」が鍵

部屋がきれいな人には元々片づけが得意な人もいるでしょう。百円ショップのグッズで棚を作り、楽しみながら上手に収納ができる人もいます。しかし、片づけ上手な人のなかには「昔は整理が下手だった」という人も実はいるのです。その人たちは、**「うまい人に学ぼうとする」「うまい人のマネをしてみる」**という性格の特徴があります。

たとえばテニスでも自己流で練習するのと、コーチに教わりながら練習するのでは、上達の度合いが全く違いますね。子どもの勉強も下手なやり方ではいくら時間をかけても効果があがりません。いい勉強の仕方で勉強して、初めて成果が出るのです。片づけも同様で、自己流のままでは時間をムダにするだけ。苦手なら上手な収納術を学ぼうとする、試してみようとする「トライアル精神」があるかどうかが成功のポイントになります。散らかる人は、ぜひ達人の方法に学ぶトライアル精神を持ちましょう。

❷半年から一年は続ける「習慣化」を！

一方でこんな人もいます。ある整理術の本の方法でスッキリ片づいたけれど、また散らかったので別の本の方法を試す、といったことを繰り返す人です。しかしこれはいいやり方ではありません。

一度きれいに片づいたのなら、その整理術はその人に合っていたのです。大切なのは、そのやり方を「毎日続ける」習慣を身につけること。人間というのは習慣がとても大切で、たとえば子どもには嫌がっても歯磨きやお風呂の習慣をつけさせますね。習慣になると、「汚いままでは気持ち悪い」と、やらずにはおれなくなるもの。片づけも同様で、**最初は苦痛でも半年から一年続ければ「習慣」となり、以後は苦もなくできるようになります。**

シンプルな整理法を選び、それを毎日少しずつ、半年から一年はがんばって続けて習慣化する。そのとき、きれいをキープできる人に生まれ変わることができるでしょう。

essay 1

ぼくが手放して、手に入れたもの

佐々木典士
（編集者）
ささき　ふみお●1979年、香川県生まれ。出版社勤務を経てフリーランスに。ミニマリズムについてのサイト「ミニマル&イズム　less is future」主宰。初の著書『ぼくたちに、もうモノは必要ない。』（ワニブックス）がベストセラーに。２０ヶ国語に翻訳。

今でこそミニマリストとしてモノの少ない生活を送っているぼくですが、以前は今とは正反対で、モノが何も捨てられないタイプの人間でした。コレクター気質で、家にはＣＤやＤＶＤが数百枚、壁一面の本が一〇〇〇冊、カメラも好きで何十台も集めて、キッチンを暗室に改造したりもしていました。

モノを集めるのは得意でしたが、モノの管理は不得意でした。モノをたくさん溜め込んでも、手入れもできず掃除もできない。部屋は見事に汚れていました。でもまた新しいモノを買ってしまう。そんな自分のことを心底ダメな人間だと思い込んでいました。モノにエネルギーも時間も吸い取られていたことに気づいてなかったのです。

「ぼくの家にはなんでもある」

そんなある日「ミニマリスト」という言葉を知り、バックパックひとつで旅するように暮らす海外のミニマリストの姿を見て、衝撃を受けました。自分は引っ越したくても、モノが多くて面倒でずっと同じ場所に留まり続けていました。自分とは正反対のような、ミニマリストの自由さと解放感にまずは強烈に惹かれたのです。それから一年間をかけて、あらゆるモノを手放していきました。本やテレビなどの家電、机やベッドまで手放していたこともあります。食器は一人分だけで、服は「制服化」して毎日同じようなものを着ています。手放すことで逆に「ぼくの家にはなんでもある」という気持ちになることができました。確かにモノは少ないですが、ぼくの家には洗濯機も、電子レンジもあります。温かいお風呂に入れて、ぐっすりと眠れる布団もあります。「足りない、足りない」と思っていた自分の家に、実はすべてが備わっていたことに減らして気づきました。実感として「足るを知る」ことができるようになったのです。

　さまざまなモノを手放した今になって思うのは、ぼくは集めたモノを通して「自分の価値を表現しようとしていた」ということ。読んできた本のコレクションで自分の知識を、集めたＤＶＤ、雑貨やカメラを通して自分の好奇心やセンスを表現しようとしていたのではないかと思うのです。

モノを手放して変わったこと

モノを手放して、状況は一変しました。掃除がまったくできない状態から、毎朝出かける前に掃除をし、洗濯をし、家をきれいな状態にしてから仕事にでかけるようになりました。これはぼくが変わったのではなく、モノが少なくなったことで、ただ家事が簡単になり、好きになれたのです。片付けや収納ではなく、まず絶対的なモノの量を減らすことを第一に考えるのがミニマリズム。いったん手放す技術を身につけてしまえば、実は続けるのが難しい片付けや収納術に頼る必要はもうありません。

　そうして家がいつも片付いていれば、気持ちよく外に飛び出していくことができます。急な来客も「どうぞどうぞ！」と歓迎することができます。そんな風に行動力が増すと、人との関係も豊かになっていきました。

モノを減らして掃除や家事は簡単になり、買い物も減ったので、たくさんの時間が生まれました。住まいが小さくて済むようになったので、家賃や光熱費は下がりました。そして固定費が下がれば、たくさんの収入は必要でなくなり、職業の自由度も増していきます。以前のぼくは不況が続く出版業界で、自分のキャリアにも悩まされていました。しかしいざとなれば最低これだけあれば楽しく生きていける、という「ミニマムライフコスト」を把握できたことで将来への不安も薄れていきました。そうしてついに会社員生活まで手放し、東京も離れ、フリーランスとして活動することになりました。モノを減らすという小さなことから始まって、本当に大きな変化が訪れました。

それぞれの「最小限」を見つける

ぼくはミニマリストとは「大切なもののために減らす人」だと思っています。たとえばご家族でモノの少ない生活をされている奥様にお会いしたことがあります。その方はモノを減らす理由を、家事を簡単にし、できた時間と心の余裕を、いちばん大切な家族と過ごすためだとおっしゃっていました。

誰もがミニマリストになる必要はありません。ぼくも家族を持てばモノを増やすでしょうし、田舎で農業をすることになれば当然モノを増やすと思います。今も、モノは買ったり手放したり、調整は終わりません。しかしそれぞれの人生のステージで、どこが本当に快適な「最小限」なのかを探ることはやめないでしょう。人によって、管理できるモノの量も、必要なモノの種類も違います。大切なのは自分にとっての「最小限」を自分で考えること。減らすことで、自分が大切にしたい本質が見えてくることがあります。モノと向き合うことは、自分の価値観と向き合うことでもあるのです。

essay 2

捨てることは、失うこと?

雨宮まみ
（ライター）

あまみや　まみ●1976年生まれ。女性の自意識や恋愛、性などをテーマに多くの媒体で執筆。著書に『女子をこじらせて』（ポット出版）、『自信のない部屋へようこそ』（ワニブックス）など。2016年に逝去。

「好き」と「愛情」は別もの

片付けの本や、いかに少ないもので暮らすか、といった本を読んでいると、ものを愛する、ものを大切にする、ということの意味が、大きく変わる時代が来たのだなと実感します。昔は、ものを大切にするといえば、いろんなものを捨てずにとっておくことが「大切にする」という意味でした。捨てるなんてもったいない、いつか使うかもしれない、いただきものだからその気持ちを捨てるのは申し訳ない……。そういった姿勢が「ものを大切にする」ということを指していたように思います。

私は、何を隠そう、ものが大好きです。キッチンで使う実用品や食器の類（たぐい）から文房具、服やアクセサリーや靴、ほんの少し街を歩くだけで「これは好き、これは好きじゃない。これは欲しい、欲しくない」と考えながら常にものを見てしまいます。「これは一期一会（いちごいちえ）の出会いかも!」とうっかり買ってしまうことも少なくありません。

そんな私が、ものを減らすことを意識したきっかけは、ものに対する愛情でした。

ものが増えた自分の部屋で、意を決して買ったアンティークの家具の上にはバラバラなテイストのものが転がっていて、もとのムードが台無しだし、買ったときは「特別なときじゃなく普段からたくさんつけよう」と思っていたアクセサリーも、ごちゃごちゃと引き出しの中に入れているせいで、出かけるときに思い出しもしない状態。服も同じで、畳んで奥のほうにしまいこんでしまえば、持っていたことすら忘れて似たようなものを買ってしまったりしています。下駄箱に入りきらない靴も、買ったときの靴箱に入れて積み上げてしまったら、だいたい存在を覚えていられません。

片付けが下手、という以前に、自分はものが好きだ好きだと言いながら、ものの存在を記憶し、何を持っているのか把握しておく能力に限界がある、と感じました。そして、そんなにいろんなものを持っていて、それなりに買い物をしているのにもかかわらず、ちっともお洒落になれず、いつも似たような服ばかり選んでいる自分にもうんざりしてきたのです。

「この、パッとしない服装で、パッとしない部屋のまま私はいったい何年過ごしてきたんだろう？ そして、このままだといったい、これから何年同じような生活をしてしまうんだろう？」

そう思ったとき、ぞっとしました。たくさんのものを大切にする、ということは自分のキャパシティを超えることで、持っている靴をいつもきれいに磨いておくことすらできていませんでした。そうやって、手に負えない分量のものに囲まれているうちは、自分の中で特別に気に入っているものや、いちばん似合うもの、大好きなものがたくさんのものの中に埋もれていくのだ、と気づいたのです。いいものを持っていないわけじゃないのに、文字通り宝の持ち腐れ状態でした。

手放して浮かび上がったもの

大事なものほど奥のほうにしまっておいたり、大事だから箱に入れておいたりするのを、私はまずやめました。好きなもの、気に入っているものを目につきやすい、取り出しやすい場所に置きました。そして、まだ使えるけれどもう見ても気持ちが高揚しないもの、今の気分じゃないものを手放しました。

主役は、ものではなく自分です。自分の気分を良くしてくれるもの、自分に似合うものを厳選していくと、心の中で無意識のうちに諦めていた「憧れの自分像」が浮かび上がってくる感覚がありました。

そういえば、緑のある部屋に住みたいと思っていたんだった、とか、黒いシンプルでセクシーなワンピースを一生に一度は着たいと思っていたんだった、とか、日常でパールをうまく使える人になりたいと思っていたんだった、とか……。考えてみれば、どれも今すぐ叶えられるようなことなのに、なぜそんなことを諦めていたんだろう？　というような「こうなりたい自分」の像が浮かんできたのです。

捨てることは、何かを失うことではなく、自分の理想を絞り込んでいくことのように、私は考えています。理想の自分像が揺らがない人であれば、ものを捨てたり減らしたりする必要はないと思いますが、もう少しだけ素敵になりたい、と思っているのになかなかなれない、という私のような人にとっては、ものが心の重しになっていたり、持っているものに引っ張られて方向性がぶれたりしていることもあるのではないかと思うのです。

ものの整理を通じて、いま自分が本当に求めているものは何なのか、なりたい自分はどういうものなのか、理想のインテリアはどんなものか考えてみたり、持っているものの価値に改めて気づいたりするのは、大げさなようですが、ほんのちょっとだけ自分が生まれ変わるような、そんなことではないかと私は思うのです。

PHP くらしラク〜る♪ とは

『PHPくらしラク〜る♪』は、主婦が何気ない毎日をラクに楽しく過ごせるように応援する生活情報誌です。料理、掃除、収納、お金管理、段取り術といった家事から、人間関係やストレスなどの心理問題、開運方法など、主婦なら誰もが関心のあるテーマを、その道の専門家の解説で紹介しています。忙しい主婦が見てすぐに真似できるように、イラストや写真、チェックテストを多用して、暮らしに関する最新のノウハウを分かりやすく満載しています。

装丁—— 村口敬太（STUDIO　DUNK）
表紙イラスト—— 青山京子
本文デザイン・組版—— 荒川浩美（ことのはデザイン）
写真—— Shutterstock

お金に愛される!　幸せがやってくる!
すっごい掃除・捨て方・片づけ方

2018年5月7日　第1版第1刷発行
2018年9月12日　第1版第2刷発行

編　　者　『PHPくらしラク〜る♪』編集部
発 行 者　後藤淳一
発 行 所　株式会社PHP研究所
東京本部　〒135-8137　江東区豊洲5-6-52
CVS制作部　☎03-3520-9658（編集）
普及部　☎03-3520-9630（販売）
京都本部　〒601-8411　京都市南区西九条北ノ内町11
PHP INTERFACE　https://www.php.co.jp/
印 刷 所　図書印刷株式会社
製 本 所　東京美術紙工協業組合

ISBN978-4-569-83794-9